O Grande Livro de Magia da

BRUXA

Grimoire

Uma enciclopédia de encatamentos, magias, fórmulas e ritos mágicos

Lady Sabrina

O Grande Livro de Magia da BRUXA

Grimoire

Uma enciclopédia de encatamentos, magias, fórmulas e ritos mágicos

Tradução:
Marcos Malvezzi

MADRAS®

Do original: *The Witch's Master Grimoire — An Encyclopedia of Charms, Spells, Formulas, and Magickal Rites*

O original em inglês foi publicado pela
Career Press, 3 Tice Rd., Franklin Lakes, NJ 07417 USA.

Editor:
Wagner Veneziani Costa

Produção e Capa:
Equipe Técnica Madras

Tradução:
Marcos Malvezzi

Revisão:
Adriane Gozzo
Cecília Beatriz Alves Teixeira

CIP-BRASIL. CATALOGAÇÃO NA FONTE
SINDICATO NACIONAL DOS EDITORES DE LIVRO, RJ

S122g
5ed.
Sabrina, Lady, 1947
O Grande Livro de Magia da Bruxaria Grimoire/Lady Sabrina;
tradução Marcos Malvezzi São Paulo: Madras 2019.
Tradução de The witch's Master Grimoire: an encyclopedia of charms, spells, formulas, and magickal rites
inclui bibliografia
ISBN 978-85-370-0239-1
1. Feitiçaria. 2.Ritos e cerimônias. 3.Magia I. Título

07-1901 CDD: 133.43

CDU: 133.4
16.05.07 25.05.07 001909

MADRAS EDITORA LTDA.
Rua Paulo Gonçalves, 88 — Santana
02403-020 — São Paulo — SP
Caixa Postal 12183 — CEP 02013-970 — SP
Tel.: (11) 2281-5555 — Fax: (11) 2959-3090
www.madras.com.br

Lady Sabrina

Alta Sacerdotisa e fundadora do Seminário Nossa Senhora do Encantamento de Wicca.

DEDICATÓRIA

Todo mundo tem um amigo especial — alguém que está sempre pronto para ajudar, aconselhar, queira você ou não, e dar uma mão na hora da necessidade. Fui abençoada com duas pessoas assim, especiais, sempre presentes quando preciso, ajudando-me com problemas de computador — e são centenas, levando-me de carro com um animalzinho doente até o hospital veterinário na véspera do Ano Novo, dando uma mão com correspondência, compras no mercado e todas as responsabilidades de administrar uma igreja e uma escola.

A Autumn e Aristaeus, eu agradeço. Eu os amo e não sei o que faria sem vocês.

Índice

C

D

E

F

INTRODUÇÃO

A magia é a força mais vital em nossas vidas. Ela nos dá domínio sobre nosso destino para que não sejamos mais vítimas das circunstâncias. Estudar magia é estudar a própria vida e compreender o conceito das coincidências controladas. As coisas não acontecem por acaso, mas em conjunção ou como resposta a uma condição previamente estabelecida. O *passado* é o que controla o *presente*, e o *presente* é o que cria o *futuro*.

Em essência, a magia é a redescoberta de suas habilidades para criar. O que você cria ou faz acontecer hoje refletirá em como vai lidar com o amanhã. Se você conseguir aquele aumento tão esperado hoje, poderá pagar suas contas amanhã e até planejar algo especial no futuro.

Aprender magia é como aprender a dirigir — só funciona com a prática. Dedicando um pouco de tempo todos os dias, logo você estará dominando. Aprendendo a dirigir, você aumenta sua mobilidade e, consequentemente, seu campo de possibilidades. Pode, de repente, ir a algum lugar e fazer coisas antes impossíveis. Cada vez que você usa a magia, sua habilidade para controlar a vida aumenta e melhores são suas chances de conseguir o que quer.

Descubra como a bruxaria e a magia podem ajudá-lo a levar uma vida melhor e cheia de realizações. Apresentados em ordem alfabética, os ritos mágicos neste livro o ajudarão a resolver aqueles problemas chatos de cada dia, que causam estresse e ansiedade. Cada termo é definido detalhadamente e seguido por encantamentos antigos e testados, que realmente funcionam — encantamentos estes que se adaptarão ao seu estilo rápido e ocupado de vida. E o melhor de tudo é que você não precisa ser um iniciado nem ter poderes especiais para fazer bom uso do material neste livro. Basta possuir mente aberta e o desejo de ser bem-sucedido.

A palavra inglesa *witch* (bruxo/bruxa) deriva do termo anglo-saxão wicca — "um mago ou uma maga que enfraquece o poder do mal ou uma pessoa capaz de manipular a realidade usando forças naturais".

De modo geral, a bruxaria emprega os poderes da natureza para criar um fetiche, um filtro, uma poção ou um encantamento que provoque a mudança necessária. O objeto físico, então, torna-se o catalisador ou ponto focal da operação mágica.

Você decide o que quer e então cria um encantamento ou rito mágico para conseguir o objeto desejado. O controle é seu o tempo todo, e o resultado depende de sua vontade dirigida. As únicas limitações da magia são aquelas que você mesmo impõe.

Fazer encantamentos é um dos modos mais populares e deliciosos de lidar com a magia. Como eles não exigem nenhuma quantidade específica de espaço, equipamento elaborado ou treinamento específico, qualquer pessoa pode fazê-los. A única coisa realmente necessária para que um encantamento funcione é o forte desejo de ter alguma coisa ou alguém.

Agora, com tudo isso em mente, você está pronto para fazer magia? Está pronto para lançar aquele encantamento mágico que lhe trará as coisas que você quer? Se a resposta for sim, então está com o livro certo nas mãos. Os fetiches, encantamentos e fórmulas mágicas aqui são fáceis de seguir e não requerem ingredientes impossíveis de encontrar. Na verdade, a maioria dos encantamentos e rituais deste livro utilizam coisas corriqueiras, como ervas, plantas, minerais e velas. Para aquelas operações mágicas que necessitam de itens especiais, como óleos e incenso, há sempre uma receita.

O que você realmente precisa saber é qual o melhor momento para lançar um encantamento e como coordenar sua operação mágica para que coincida com as fases da lua. (As fases lunares podem ser verificadas em um boa agenda ou calendário astrológico.) Uma regra simples é usar a lua nova para começar projetos, atrair dinheiro, recuperar a saúde ou amizades perdidas; a lua cheia, para canalizar energia em projetos que envolvam sucesso pessoal, carreira, amor e casamento; a lua minguante, para se livrar de influências negativas e más situações.

Por último, tente não se decepcionar se sua magia não der certo imediatamente. Alguns encantamentos levam mais tempo que outros para se concretizar. Você deve ter fé; do contrário, bloqueia o fluxo de energia e atrapalha o próprio progresso. Lembre-se de que cada pensamento poderoso que você envia deixa uma impressão no mundo etéreo. (Para os nossos fins, etéreo refere-se ao mundo invisível, que vibra em um nível diferente do mundo físico. É o reino dos anjos, dos deuses e de outras formas de vida que se comunicam com os humanos.) Se você realmente acredita no que está fazendo, o resultado virá.

A

Água

A água sempre foi considerada a fonte de todas as possibilidades existentes. Ela é associada à Grande Mãe, ao ventre universal, ao nascimento e à fertilidade. A água representa a capacidade do Cosmos de dar e de tomar a vida. Na qualidade de elemento, ela encoraja a moderação e esfria, ou aplaca, a raiva gerada pelo excesso de Fogo. Também estabiliza as ilusões causadas pelo excesso de Ar.

Magia da água

Condensador de água

Um condensador de água é uma poção especial, magicamente dotada. É feito de ervas, água e álcool, aos quais se acrescenta um pouco de ouro ou prata. O condensador ajuda a intensificar e armazenar os poderes das ervas e do metal para futuro uso em magia.

O condensador de água é bom para atrair amor, amizade, afeição, boa saúde e estabilidade emocional.

Tabela de correspondência da Água

Valores	emoção, intuição, devoção, misticismo
Cores	verde, turquesa
Símbolos	crescente, conchas, barcos, leme de navio, âncora, cálice
Ferramentas	recipiente, graal, cálice, caldeirão
Plantas	babosa, pepino, dulse, gardênia, lírio, lótus, salgueiro
Pedras	água-marinha, crisocola, pedra da lua, madrepérola
Lugares	oceano, rio, lagos, lagoas, cachoeiras, praias
Zodíaco	Câncer, Escorpião, Peixes
Arcanjo	Gabriel
Tempo	outono, pôr do sol
Direções	Oeste
Processos	amor, atenção, sensibilidade, habilidade psíquica, cura

Filtro para atrair amor

Itens necessários: pequena vasilha ou caldeirão, água mineral, pétalas de rosa vermelha ou cor-de-rosa, vodca, tigela de vidro transparente, um pedaço de prata, plástico para embrulhar, frasco vermelho-rubi.

Coloque a água no caldeirão e ferva. Adicione um punhado de pétalas de rosa, tampe o caldeirão e desligue o fogo. Deixe as pétalas na água quente por uma hora. Adicione um pouco de vodca à mistura, para preservar.

Quando a mistura estiver fria, coloque-a na tigela. Ponha o pedaço de prata no fundo da tigela. Mergulhe as mãos na tigela e infunda o condensador com os seus pensamentos e desejos, entoando:

Da terra à água e do rio para o mar
O amor que eu desejo me virá.

Pelo poder da erva e da emoção profunda,
Traga-me amor verdadeiro e devoção profunda.

Cubra a tigela com plástico e coloque-a diretamente sob a luz do luar. Deixe o condensador absorver o poder da lua por mais ou menos uma hora. Guarde-o no frasco vermelho, junto com a prata. Coloque um rótulo e use em encantamentos para atrair amor ou para energizar velas.

Encantamento dos desejos

Itens necessários: uma tigela branca grande, uma vela de sete dias azul, pétalas de flor branca, água-de-rosas.

Coloque a vela no centro da tigela. Encha a tigela com água e adicione sete gotas da água-de-rosas e as pétalas.

Enquanto mexe a água com o dedo indicador direito, fale em voz alta o seu desejo. Acenda a vela e diga:

Água e Fogo
Manifestem meu desejo.

Espere até a vela queimar totalmente. Despeje a água em alguma planta que esteja crescendo ou em seu jardim. Afirme mais uma vez o seu desejo.

Incenso e fragrâncias da água

Babosa (*amor, força*): Queime madeiras de babosa para atrair amor e boa sorte. As altíssimas vibrações espirituais atrairão amor se você carregar consigo a babosa ou usar o incenso.

Cereja (*amor, adivinhação*): Misture uma gota de óleo de cereja com três de óleo de orquídea e três de óleo de violeta. Use para atrair amor. Adicione um pouco de óleo de cereja à baunilha e a cristais de mirra e queime durante o processo de adivinhação para revelar o seu verdadeiro amor.

Gardênia (*amor, paz, cura*): Queime incenso de gardênia para criar uma atmosfera de paz e amor. Use pétalas de gardênia para atrair bons espíritos e amor.

Jasmim (*amor, dinheiro, sonhos proféticos*): Use óleo de jasmim para atrair amor espiritual. Misture três gotas de óleo de jasmim com lascas de sândalo e franco-incenso e queime, para ter sonhos proféticos.

Lilás (*proteção*): Planta lilás em jardineiras sob a janela ou em volta da casa para proteção. Misture óleo de lilás com lascas de sândalo e queime, para proteção.

Rosa (*amor, sorte, poder psíquico*): Banhe-se com água-de-rosas para atrair amor. Faça um colar para atrair amor com caules de rosas. Pétalas de rosa espalhadas em volta do quarto e da casa trazem paz e harmonia.

Amarração

A amarração é um poderoso encantamento usado em bruxaria para controlar as ações de outra pessoa ou anular o poder de um Bruxo ou uma Bruxa do mal. Geralmente, para este encantamento é preciso fazer nós em um cordão. Em seguida, o cordão é amarrado em volta de uma imagem ou foto da pessoa para controlar os passos dela. Os encantamentos de amarração costumam ser usados para acabar com fofocas ou impedir que as ações negativas de uma pessoa prejudique os outros.

Alguns Bruxos e Bruxas acham que um encantamento de amarração é antiético e contrário aos princípios de Wicca. Muitos, porém, seguem o velho adágio: "Olho por olho, dente por dente". Se você já considerou todas as circunstâncias, esgotou os recursos e sente-se justificado em suas ações, então talvez precise deste encantamento. Como em toda magia, no final das contas, cabe ao indivíduo discernir entre o certo e o errado.

Magia de amarração

Para acabar com fofocas

Itens necessários: língua de um carneiro pequeno, suco de lima fresco, três colheres de chá de sal, algum objeto da pessoa que você quer amarrar (fios de cabelo, aparas de unha, foto ou um artigo de roupa), vários metros de fita ou cordão vermelho, plástico para embrulhar, uma vela preta, um pedaço pequeno de papel pergaminho, uma caneta de tinta vermelha e uma faca afiada.

Independente de quem começa uma fofoca, ela sempre é prejudicial, e, uma vez feito o estrago, é quase impossível repará-lo. Se você sente que alguém está falando mal de você pelas costas, então corte o mal pela raiz antes que a situação fique fora de controle. Já usei esse encantamento várias vezes, com excelentes resultados. Não é difícil e geralmente funciona logo.

A melhor hora de realizá-lo é sábado à noite, na lua minguante. Junte todos os itens e coloque-os sobre uma mesa pequena. Acenda a vela preta. Faça uma abertura suficientemente larga na língua de carneiro para colocar o papel e o objeto pessoal. No pergaminho, escreva o nome do agressor. Coloque o papel na abertura da língua. Em seguida, coloque o objeto pessoal (cabelo, unha, etc.) na língua, por cima do papel para pergaminho. Por cima do papel, espalhe três colheres de sal e cubra com o suco de lima.

Quando a língua de carneiro estiver bem cheia, enrole-a com o plástico e prenda-a com o fio vermelho, entoando:

Como esta língua apodrece
Tua maligna fofoca eu destruo.
Não terás descanso, nem paz, nem conforto
Até parares, e que assim seja.

Pendure o invólucro em uma árvore ou outro lugar alto por 10 dias. Após esse período, tire a língua embrulhada da árvore e enterre-a perto da casa do agressor. A fofoca vai parar.

Para fazer alguém ouvi-lo

Esse encantamento é perfeito para fazer as pessoas ao seu redor acordarem e sentirem o cheiro do café. Quando seu chefe ou aquela pessoa especial resolver ignorar você, este encantamento vai atrair a atenção deles. Você precisará de uma foto da pessoa e de um longo pedaço de fita branca.

Quando estiver bem perto da pessoa que for o alvo do encantamento, focalize sua atenção na foto. Visualize-a dando toda a atenção a você. Olhe para a foto e enrole a fita ao redor dela, entoando:

[Nome da pessoa] a partir de hoje
Você vai ouvir o que eu digo.
Olhe agora e veja
Olhe e ouça-me.

Guarde com você a foto amarrada até a pessoa lhe dar a atenção desejada. Quando conseguir, pode desamarrar a foto.

Para amarrar a pessoa amada

Itens necessários: dois galhos pequenos de um olmo, um pedaço de barbante vermelho, fita de floricultura, um quadrado de feltro vermelho, uma foto da pessoa amada, um saquinho de serragem, uma vela vermelha.

O objetivo desse encantamento é amarrar o amor de uma pessoa à outra. Funciona melhor se os dois envolvidos já partilham dos mesmos sentimentos.

1. Faça um boneco, colando com fita os galhos, como mostra a ilustração. Dobre o quadrado de feltro vermelho pela metade e costure-o, dando a forma do corpo do boneco. Coloque os galhos dentro do tecido, como mostra a ilustração, e encha o boneco de serragem. Cole a foto na parte do pescoço do boneco.
2. Segure o boneco completo na mão e focalize a atenção nele, visualizando a pessoa desejada. Saiba que o que você faz e diz ao boneco causará impacto sobre a pessoa por ele representada.

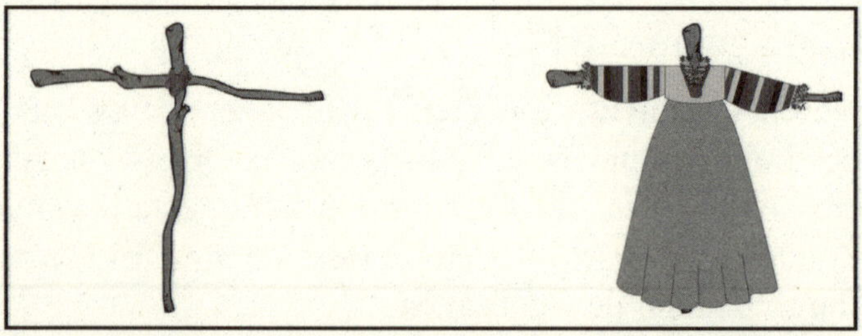

3. Acenda a vela vermelha. Pegue o boneco e passe-o pela chama da vela, entoando:

Amado/a, amado/a, vem para mim
Fica sempre ao meu lado.

4. Começando pela cabeça, amarre o boneco com o barbante vermelho, entoando:

Com amor eu faço este encantamento mágico,
Para que tu me ames sempre.
Eu te amarro para inspirar-te as paixões,
Pois sou tudo aquilo que tu queres e desejas.

5. Coloque o boneco ao lado da vela vermelha. Deixe-os juntos até a vela queimar totalmente. Embrulhe o boneco com seda vermelha ou branca e guarde-o em um lugar seguro.

Amor

Desde o começo dos tempos, homens e mulheres procuram um ao outro, passando horas intermináveis em busca do melhor meio de ganhar as graças do ser amado, e acabam descobrindo que o amor que sentem não é correspondido. Como todos nós sabemos, essa pode ser uma experiência dolorosa e decepcionante, que geralmente nos conduz à porta de uma cartomante, de uma Bruxa ou de um mago, na esperança de que a magia conjurada por tal indivíduo nos ajude a conquistar o amor da pessoa desejada.

Magia do amor

Advertência: Os encantamentos de amor funcionam bem para atrair a atenção de uma pessoa ou dar uma chance para o relacionamento, mas não é aconselhável usá-los para tentar segurar alguém contra a sua vontade. Nesses casos, a única coisa que mantém a pessoa ao seu lado é a energia do encantamento. A primeira vez que você se esquecer ou não conseguir fazê-lo, a energia se dissipa e o relacionamento deteriora e acaba.

A caixa de amor

Itens necessários: uma caixa pequena em formato de coração, incenso para atrair amor, óleo para atrair amor, vela cor-de-rosa, papel pergaminho, quartzo rosa, um pouco do seu cabelo, pó de raiz de lírio florentino, carvão e fósforos.

Realize este encantamento na primeira sexta-feira após a virada da lua nova. Para prepará-lo, centralize-se e concentre-se. Acenda o carvão. Escreva no papel aquilo que você especificamente deseja em um/a amante. Coloque um pouco de incenso para atrair amor sobre o carvão. Jogue sobre a vela cor-de-rosa o óleo para atrair amor. Recite:

Que os deuses do amor ouçam minha súplica
E tragam-me amor eterno!

Acenda a vela e leia o pedido em voz alta; em seguida, coloque a vela em cima do papel. Ponha mais incensos sobre o carvão. Medite sobre o seu desejo e, quando terminar, leia isto:

Salve deusa do amor,
Brilha sobre as alturas,
Traz-me agora um/a amante.
É o meu desejo, e que assim seja.

Deixe todos os itens ficarem como estão até a vela queimar por completo. Coloque o papel no fundo da caixa. Por cima dele, pingue sete gotas do óleo para atrair amor. Em seguida, coloque o cabelo, o quartzo rosa, um pouco do pó de raiz de lírio florentino e a cera escorrida da vela. A caixa agora deve ser colocada no local onde terá maior eficácia (ou seja, no lugar onde você provavelmente entrará em contato com a pessoa a quem se destina o encantamento).

Encantamento de fumaça e fogo para o amor

Itens necessários: uma folha de papel pergaminho branca, incenso para atrair amor (misture 2 colheres de sopa de sândalo, botões de lavanda e pó de raiz de lírio florentino. Adicione à mistura três gotas de óleo de rosa e uma gota de óleo de cereja), carvão e incensário de igreja, uma vela vermelha e uma verde, ferramentas básicas de altar.

Tente coordenar este encantamento com a virada da lua nova para a cheia.

Antes de fazer o ritual, desenhe os seguintes símbolos no papel. Coloque o papel sobre o altar e deixe a vela verde em cima do símbolo de Vênus e a vermelha em cima do de Marte.

♀ Vênus

♂ Marte

Comece o ritual lançando o círculo mágico. Agora, acenda a vela verde (Vênus), dizendo:

Senhora do amor, a ti eu apelo.

Acenda a vela vermelha (Marte), dizendo:

Senhor do desejo, peço que o/a tragas a mim.

Acenda o carvão. Quando começar a brilhar, salpique sobre ele o incenso para atrair amor. Olhe para a fumaça, visualize a pessoa desejada e entoe os seguintes versos três vezes, com a voz mais sensual que puder:

Os deuses do amor meus olhos beijam
E se levantam ao éter, se reúnem na bruma
E, então, retornam à Terra e em meu amor imbuem
Uma paixão tão grande que lhe incendiará o coração.

A fumaça do incenso levará a mensagem àquele/a que você deseja, imbuindo a pessoa de amor e desejo exclusivos por você.

Antigo encantamento cigano para o amor

Este encantamento é considerado muito potente pela maioria dos ciganos. O tempo é o ingrediente mais importante aqui.

Passo Um: Corte uma folha de grama de aproximadamente 15cm à meia-noite, na noite da lua cheia.

Passo Dois: Antes da 1 hora da manhã, você deve segurar a folha na boca, voltar-se para o Leste e dizer:

Antes do nascer do sol,
[Nome da pessoa] ouvirá o meu chamado.
Antes do pôr do sol,
[Nome da pessoa] se apaixonará por mim.

Passo Três: Vire-se para o Oeste e repita o encantamento.

Passo Quatro: Corte a folha em pedaços pequenos.

Passo Cinco: Convide a pessoa amada para jantar. Misture a grama na comida dela, e ela ficará completamente apaixonada por você.

Encantamento de sete dias para o amor

Itens necessários: uma vela vermelha com pelo menos 20cm de comprimento, sete pedaços de papel medindo 7,5cm × 2,5cm, uma caneta, uma faca.

Escreva o nome da pessoa desejada em cada pedaço de papel. Dobre cada pedaço pelo comprimento duas vezes. Usando a faca, faça seis entalhes na vela vermelha, espaçados igualmente entre si.

Comece este encantamento sete dias antes da lua cheia. Pegue um dos pedaços do papel dobrado e acenda uma extremidade com fósforo. Acenda a vela com a chama do papel. Deixe-o queimar completamente na chama da vela, entoando:

Pelos poderes da terra e do céu,
[Nome da pessoa] virá a mim, virá a mim no sétimo dia.

Deixe a vela queimar até o primeiro entalhe. Repita o encantamento todos os dias até a lua cheia. Na noite da lua cheia, acenda o papel e a vela com a chama do papel; porém, dessa vez, entoe estes versos:

Ó adorável senhora da lua,
Concede-me esta dádiva especial.
Que aquele/a a quem amo também ame somente a mim,
Isto é o que busco, e que assim seja.

Fique com a vela até ela queimar por completo. A pessoa amada só terá olhos para você.

Ar

O ar está simbolicamente relacionado à respiração. É o reino sutil entre os planos físico e espiritual. Ele nos fornece inspiração, iluminação e habilidade para comunicar nossas ideias aos outros. Representa novos começos, o processo do pensamento e a criatividade. O ar nos ajuda a focar e a dirigir energia para a meta desejada; é a nossa capacidade de pensar e de raciocinar.

Magia do ar

Amarrar o vento

Itens necessários: fio de cordão azul; bússola.

O chamado do vento é um processo mágico muito antigo, originalmente usado quando este era vital para os navegantes. Dizia-se que as Bruxas canalizavam o poder do vento em um cordão amarrado e o vendiam aos viajantes. Quando o primeiro nó era desatado, surgia uma leve brisa. O segundo nó provocava um vento forte, e o terceiro, um vendaval.

As Bruxas e os Bruxos modernos usam o encantamento do nó para inspiração e criatividade. Para canalizar o poder do vento você irá precisar de um fio de cordão azul e uma bússola. Vá à colina mais alta que encontrar. Fique de frente para o Leste. Respire fundo várias vezes, para se purificar. Segure o cordão acima da cabeça. Quando o vento começar a soprar, faça o primeiro nó, dizendo:

Eu amarro o vento
O vento do desejo
Eu amarro o vento
O vento que inspira.

Repita a conjuração acima, fazendo o segundo e o terceiro nós. Espere alguns momentos para sentir o poder purificador do vento. Peça ao vento que lhe liberte de todos os pensamentos e vibrações negativos. Pegue o cordão e coloque-o sobre sua escrivaninha ou outro espaço de trabalho. Sempre que sentir necessidade de inspiração, desate o primeiro nó e diga o seguinte:

Eu liberto o vento
O vento do desejo
Eu liberto o vento
Para inspirar minha mente.

Tabela de correspondência do Ar

Valores	inspiração, iluminação, alerta, percepção
Cores	azul, prata, branco, cinza
Símbolos	círculo, pássaro, sino, silfo, flauta, carrilhões, nuvens
Ferramentas	varinha, vara, cajado
Plantas	amêndoa, giesta, cravo, lavanda, pinho
Pedras	ametista, safira, citrina, azurita
Lugares	céu, topos de montanhas, copas de árvores, costas íngremes, aviões
Zodíaco	Aquário, Gêmeos, Libra
Tempo	primavera, madrugada
Arcanjo	Rafael
Direção	Leste
Processo	pensar, ler, falar, rezar, cantar

Magia do balão

Itens necessários: pequeno balão cheio de hélio, papel pergaminho, cordão.

Todo mundo gosta de balão. São como pássaros, livres para voar e vagar onde o vento possa levá-los. A ideia da magia do balão é liberar seus desejos das amarras humanas para que tenham a chance de se manifestar.

O melhor momento para a magia do balão é na véspera do Ano Novo. Escolha um balão da cor que mais combine com seu desejo e encha-o de hélio:

Vermelho	coragem, força e poder
Verde	dinheiro, sorte e metas pessoais
Rosa	amizade e amor
Azul	criatividade e paz
Laranja	ação e atração
Preto	proteção e livramento
Amarelo	vendas e comunicação
Branco	alerta espiritual e psíquico

Dez minutos antes da meia-noite, escreva o seu desejo em um pequeno pedaço do papel pergaminho. Com um pedaço de cordão ou barbante, amarre o papel no balão. Na virada do ano, à meia-noite, solte o balão e entoe:

Agore flutue livre
Traga-me
O que eu desejo
E que assim seja!

Vire-se e não olhe para trás. Esqueça o desejo e deixe que os poderes do Universo o realizem.

Incenso e fragrâncias do ar

Anis-estrela (poderes psíquicos, sorte)

Queime ou use as sementes do anis-estrela para aumentar o poder psíquico. Em um dia com bastante vento, espalhe as sementes, para trazer sorte.

Âmbar Cinzento (amor, desejo)

Âmbar cinzento atrai o amor. Misture com uma pequena quantidade de baunilha e queime na noite da lua cheia para aumentar a paixão.

Benjoim (purificação, prosperidade)

Queime benjoim para limpar um aposento das vibrações indesejáveis. Misture-o com franco-incenso e queime na lua nova para clarear a confusão e aumentar os poderes psíquicos.

Lavanda (amor, proteção)

Use óleo de lavanda para suavizar a mente e o corpo e trazer visões de amor. Misture lavanda com sálvia e queime na lua minguante para purificar e proteger a casa.

Pinho (cura, dinheiro)

Queime pinho para clarear o ar e ajudar nos problemas respiratórios. Misture-o com eucalipto e queime para melhorar a vida e trazer dinheiro.

Sálvia (sabedoria, proteção)

Use óleo de sálvia para clarear confusão. Coloque folhas de sálvia sob um capacho para proteger a casa contra negatividade. Queime sálvia na lua minguante para proteção e também para clarear confusão.

Erva-doce (purificação espiritual)

Queime erva-doce para invocar os espíritos. Misture-a com lavanda e queime para proteger a casa de espíritos indesejáveis.

Amuleto

O amuleto é um objeto que foi deixado em seu estado virgem e psiquicamente carregado, com um propósito específico. Os amuletos são passivos em suas habilidades para comunicar padrões de energia. Eles só reagem ou retalham quando algo atravessa suas barreiras. Por exemplo, a ferradura pendurada sobre a porta só traz sorte àquele que passar por baixo dela.

Quase todo objeto simbólico — pedras especiais, conchas, esculturas de madeira, estátuas — pode ser convertido em um amuleto. Para carregá-lo, segure-o, pense sobre o que deseja que o objeto represente e visualize-o, fazendo com que ele se torne um símbolo desse conceito, impondo-lhe sua atenção.

Magia com amuletos

Ankh

O símbolo *ankh* representa a vida eterna e a regeneração. O amuleto *ankh* funciona melhor se for feito de madeira, metal e faiança. Ele ajuda o portador a viver plenamente e, às vezes, é usado também para sucesso e proteção.

Chave

A chave é considerada um símbolo universal de vida, conhecimento, iniciação, sabedoria e liberdade. Ela traz oportunidade, oferece escolha e significa novos começos. Uma chave de ouro traz boa sorte, prosperidade e oportunidades, e é útil para os negócios. A chave de prata ajuda o portador a reter conhecimentos, promove sabedoria e liberta o espírito.

Cruz

A cruz é o sinal primordial da união dos opostos: espírito e matéria, positivo e negativo, masculino e feminino, sagrado e secular. A cruz é a conjunção de todos os planos de existência. É usada para proteção.

Escaravelho

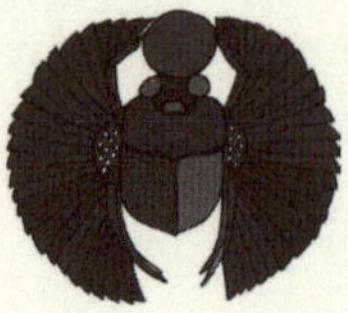

É uma réplica do besouro da sujeira egípcio. Geralmente, é feito de pedra ou argila. O besouro (*scarabaeus sacer*) era o símbolo do deus-sol Khepera, uma força autocriada e autossuficiente. O escaravelho representa a vida, a regeneração e a renovação — providência divina. O uso dele traz saúde e força. Ele também oferece proteção contra todo mal.

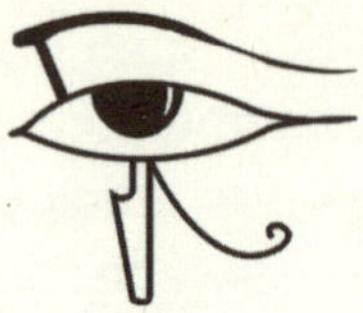

Olho ou Udjat (olho de Hórus)

Virado para a esquerda ou para a direita, o olho é uma forma de proteção e boa saúde. Por causa de sua associação com Rá (o alto deus do Egito), o *udjat* era considerado um potente amuleto que trazia força, vigor e sensatez ao portador.

Pena

A pena é um símbolo da verdade, do conhecimento transcendente e do poder. Ela representa o vento, os céus e a jornada da alma a outros reinos. A pena é considerada um bom augúrio e traz boa sorte em jogos de habilidades.

Pentáculo

O símbolo do espírito que controla as forças da natureza ou dos elementos da vida normal. Geralmente ele é feito de prata, ouro, peltre ou cobre, e é usado em volta do pescoço para proteção contra vibrações negativas. (Pode ser consagrado em talismã ou apenas usado como amuleto protetor.)

Roda Hecate

O símbolo da deusa dos cruzamentos e o emblema da eternidade da bruxaria. Pode ser usado para proteção ou para ajudar a invocar a própria deusa. O símbolo geralmente é impresso em um pequeno disco de prata, madeira ou cerâmica e pendurado em um cordão em volta do pescoço ou guardado em uma bolsinha.

Unicórnio

O unicórnio é um emblema lunar de castidade, pureza e justiça divina. Ter ou usar um unicórnio traz segurança e proteção. O chifre do unicórnio é um símbolo do amor, usado para atrair as afeições de outra pessoa.

Yin-Yang

Símbolo cósmico chinês. O símbolo yin-yang se tornou muito popular com o movimento da Nova Era, porque representa o universo e todas as suas possibilidades. É a manifestação e a unificação de todos os opostos — os princípios feminino (yin) e masculino (yang). Quando usado como amuleto, o símbolo serve de proteção e é um meio de alinhar o indivíduo com o Cosmos.

Animal

Há muito acredita-se que os humanos têm uma afinidade com os animais, e esta afinidade nos permite contar com suas qualidades especiais. Quando você escolhe um animal como *totem* (um emblema hereditário para uma tribo ou clã que serve como um talismã sagrado), invoca o poder do animal e alinha-se à harmonia com sua força e poder. Os *totens* aparecem em sonhos e promovem a cura, a abundância, a força e o poder e a proteção. Os índios norte-americanos acreditam que, quando você alinha sua consciência à de um animal, ele conversa com você de um jeito especial, de um jeito de poder. Esse *jeito de poder* é considerado muito potente. O animal *totem*, ou animal de poder, então, se torna seu aliado espiritual e o guia em segurança através das provações e tribulações da vida. Por exemplo, se você sente a necessidade de mais independência, pode escolher trabalhar com o gato. Se enfrentar um problema que exige ação rápida, o cavalo é uma boa opção.

O melhor modo de fazer contato com o seu animal de poder é durante a meditação. Escolha um lugar onde você possa ficar sozinho por pelo menos 15 minutos. Diminua a luz e desligue-se de todas as outras distrações, incluindo televisão e rádio. Sente-se em uma cadeira confortável e relaxe o corpo. Comece pelo alto da cabeça e vá descendo.

Incline a cabeça para a frente, para trás e depois de um lado para outro, sempre respirando profundamente três vezes. Relaxe.

Continue, descendo pelo pescoço, peito, costas, braços e abdome, respirando fundo três vezes em cada seção do corpo. Relaxe.

Agora prossiga, relaxando as coxas, os joelhos, os tornozelos, os pés e os artelhos. Verifique todos os músculos que puder sentir e certifique-se de que estão relaxados. Se sua respiração estiver regular e calma, o relaxamento vem rápida e facilmente.

Enquanto direciona a respiração, exclua todos os pensamentos e sensações, fixando a consciência totalmente no processo respiratório. Deixe sua mente entrar em um estado semiconsciente e peça ao seu animal de poder que apareça. Quando o animal estiver em foco, relaxe e deixe-se conectar a ele em um nível mental. Convide o animal para trabalhar com você, dando-lhe uma medida de seu poder. Quando sentir que absorveu as qualidades e o poder necessários, agradeça ao animal de poder e retorne ao estado consciente pleno.

Magia dos animais

Os seguintes animais possuem qualidades mágicas que podem ser canalizadas em momentos de necessidade. Escolha um animal para trabalhar que represente melhor uma característica de personalidade que você gostaria de desenvolver ou aperfeiçoar.

Águia (espírito, conexão com o Divino)

Acredita-se que a águia seja a mensageira ou a conexão entre os seres humanos e o Divino. A águia possui a habilidade para viver no reino do espírito e, ainda assim, permanecer ligada à Terra e seus habitantes. Ela representa a graça alcançada por meio do trabalho dedicado. Ela ensina aos humanos a ter coragem e a aprender não só com os altos, mas também com os baixos da vida.

Associações com a águia

Direção: Leste

Elemento: ar

Divindades: Zeus, Indra, Júpiter, Mitras, Apolo

Quando você precisar de ajuda para o seu desenvolvimento espiritual, peça à águia. Na meditação, una-se a ela ganhando altura, voando acima dos desejos materiais. Peça à águia que entre em seus sonhos e que lhe transmita o conhecimento dos antigos.

Búfalo (abundância, oração, dar graças)

O búfalo era a principal fonte de alimento para os índios das planícies norte-americanas. Ele fornecia carne, pele para as vestimentas e o casco para cola. O búfalo era considerado sagrado em muitas tradições porque representava o ideal de que quando tudo está em equilíbrio há grande abundância. E sempre que havia abundância eram oferecidas preces de gratidão pelos índios.

Associações com o búfalo

Direções: Norte e Sul

Elementos: terra e fogo

Divindades: Ápis, Cernunnos, Júpiter, Thor, Zeus

Quando você se sentir mal com os outros ou com o ambiente, peça ajuda ao búfalo. Trabalhe com ele na meditação. Quando sentir a necessidade de rezar ou dar graças pelas bênçãos recebidas, peça-lhe que o ajude a expressar suas emoções de forma adequada.

Cachorro (amizade, lealdade)

Os cachorros são, há muito tempo, considerados os melhores amigos do homem. O cachorro é fiel até o fim, contenta-se com as necessidades mples da vida e, como o lobo, protege a casa e família. Por milhares de anos, os cachorros são omenageados justamente por sua lealdade. Hermes (Mercúrio) era frequentemente acompanhado por seu fiel cão. Argos, o cachorro de Odisseu, foi o único que o reconheceu quando este voltou da Guerra de Troia. Nos cachorros, os sentidos do olfato (faro), audição e visão são apuradíssimos. Algumas pessoas acreditam que eles podem inclusive detectar a aproximação do mal e da morte.

Associações com o cachorro

Direção: Norte

Elemento: terra

Divindades: Odin, Lugh, Deméter, Mercúrio/Hermes, Ishtar

Apele para o cachorro quando você sentir necessidade de apoio dos amigos ou perceber que as lealdades se dividem. Na meditação, peça ao cachorro proteção contra vibrações e pensamentos negativos das outras pessoas.

Cavalo (ação rápida, poder)

Há muito tempo o cavalo tem sido o símbolo de rapidez

poder. Na mitologia antiga, é o cavalo que ansporta os heróis e os deuses pela terra, e até o céu, em grandes velocidades. O cavalo reresenta os poderes físico e sobrenatural. Nas práticas xamânicas, ele possibilita ao xamã viajar pelo ar e chegar aos céus ou ao reino do espírito. O cavalo é capaz de carregar pesados fardos por longas distâncias, com facilidade.

Associações com o cavalo

Direções: Norte, Leste, Sul, Oeste

Elementos: terra, ar, fogo, água

Divindades: Épona, Hélio, Brígida, Apolo, Godiva, Marte, Artêmis

Quando você precisar reagir rapidamente a uma situação, invoque o cavalo. Se necessitar de mais poder pessoal ou estiver sobrecarregado de trabalho, peça ao cavalo que lhe dê força.

Coruja (clarividência, magia, projeção astral)

A coruja é chamada de águia noturna por causa de sua ligação com o mundo dos espíritos. Ela caça à noite, enxerga no escuro e detecta a presa pelo som. Os humanos podem ter medo do escuro, mas a noite é amiga da coruja. Ela é um animal silencioso; não podemos ouvi-la quando voa. A coruja costuma ser associada às bruxas por causa dessa conexão com a noite.

Associações com a coruja

Direção: Leste

Elemento: ar

Divindades: Atena, Lilith, Hecate, Bloeuweed, Ísis, Minerva

Na prática da meditação, peça à coruja que o ajude a descobrir a verdade e a ver as coisas claramente. Ela também pode ajudá-lo a aprender a interpretar augúrios e intuir sonhos. Antes de fazer quaisquer suposições ou tentar adivinhar algo, solicite a presença da coruja para ajudá-lo a interpretar as coisas corretamente.

Elefante (sabedoria, estabilidade)

O elefante sempre foi reverenciado por seu tamanho, inteligência e devoção à família. O filósofo grego Aristóteles admirava o elefante por sua grande sabedoria e inteligência. No hinduísmo, o deus Ganesh, com cabeça de elefante, é invocado antes de se tomar uma decisão importante. Ganesh traz estabilidade e abundância aos comerciantes.

Associações com o elefante

Direção: Norte

Elemento: terra

Divindades: Ganesh, Indra, Shiva

Se você estiver com dificuldade para tomar uma decisão, trabalhe com o elefante para ter sabedoria e estabilidade. Se estiver pensando em abrir um novo negócio ou se precisa de mais clientes para o seu negócio atual, peça ajuda ao deus Ganesh.

Gambá (reputação, respeito)

O significado do gambá não é uma brincadeira. Esse adorável animalzinho peludo tem uma reputação que exige grande respeito. Por causa de seu comportamento peculiar, os seres humanos e os outros animais mantêm-se distantes dessa pequena criatura odorífera. O conceito fundamental aqui é, novamente, respeito. A mensagem do gambá a todos é: cuidado com a língua, respeite a si mesmo e aos outros, criando, assim, uma posição de força e uma reputação honrosa.

Associações com o gambá

Direções: Norte, Leste

Elementos: terra, ar

Divindades: Diana, Cernunnos, Artêmis

Se sentir a necessidade de respeito dos amigos ou de sua família, invoque o gambá. Ele certamente agilizará as coisas. Se você mora sozinho, peça ao gambá que o avise dos perigos e que proteja sua vida.

Gato (independência, segredos)

O gato é muito independente, um poderoso caçador e tem muitos segredos. No Egito, ele era venerado por sua astúcia e habilidade para purgar a casa de elementos indesejáveis. Bast, a deusa com cabeça de gato, era considerada uma grande protetora das mulheres. Na Roma antiga, o gato era um símbolo da liberdade. Ele é também conhecido por saber se esconder.

Associações com o gato

Direções: Norte e Sul

Elementos: terra e fogo

Divindades: Bast, Brígida, Hathor, Ísis, Maat, Osíris, Rá

Se você quer descobrir algo sobre si próprio ou sobre outras pessoas, peça ajuda ao gato na meditação. Caso se sinta sobrecarregado, tendo a necessidade de mais independência, convide o gato para entrar nos seus sonhos.

Lobo (poder, proteção, desenvolvimento psíquico)

Os lobos uivam para a luz, acasalam-se abertamente e andam em silêncio pela floresta. O lobo vive pelo instinto. É um descobridor de caminhos, de novas ideias e retorna à família para ensinar-lhes os modos do mundo. O lobo tem sentidos apurados, trabalha com o poder da lua e é um símbolo de energia psíquica.

Associações com o lobo

Direção: Norte

Elemento: terra

Divindades: Loki, Odin, Diana, Artêmis, Brígida, Morrigan

Quando você precisar de mais poder pessoal ou energia psíquica, invoque o lobo. Ele o conduzirá à sua toca particular e lhe ensinará a andar em silêncio, a trabalhar com o poder da lua para desenvolver habilidades psíquicas.

Urso (introspecção, estabilidade, sabedoria)

A força do urso está em sua habilidade para entrar em um estado de hibernação. Nesse estado, ele é capaz de digerir a experiência de um ano. O urso ganha sabedoria através do sono, enquanto sonha. Quando o calor e a luz do sol voltam, ele sai do sono forte, estável e com vitalidade renovada. O urso é um forte protetor da casa e da família.

Associações com o urso

Direção: Norte

Elemento: terra

Divindades: Artêmis, Diana, Thor, Cernunnos

O urso lhe transmitirá grande sabedoria e lhe ensinará o valor do silêncio e da introspecção. Quando sentir necessidade de estabilidade, invoque o urso na meditação. Peça-lhe sabedoria.

Astral

O plano astral é o ambiente de trabalho do mago, onde a verdade sobre as coisas é revelada. É o local dos anjos, dos demônios e das fadas e o ambiente das forças elementais da natureza. Para a Bruxa e o mago, o plano astral guarda o segredo do poder, a chave da criação dos efeitos milagrosos no plano físico.

O plano astral costuma ser definido como o reino da imaginação visual, um reino celestial em que todas as coisas são possíveis. Como resultado de sua atmosfera etérea, o plano astral permanece um mistério para a maioria das pessoas. Para o explorador destemido, porém, ele nada mais é do que um terreno ainda não mapeado, esperando para ser descoberto.

Esse plano é tão real para o corpo astral quanto o plano material o é para o corpo físico. Para o viajante do plano astral, o cenário e tudo a ele ligado parecem tão sólidos quanto os materiais mais maciços do plano físico. Uma pessoa pode ir de uma região a outra no plano astral simplesmente pelo poder da vontade, sem mover o corpo físico.

Quando a consciência opera fora do corpo, leva consigo a mente. Entretanto, é raro esta permanecer plenamente consciente, pois, embora 90% das pessoas façam viagens astrais, dificilmente se lembram da experiência. Ela costuma ser esquecida ou interpretada como um sonho muito vívido.

Projeção astral

Comece escolhendo um lugar tranquilo e um momento do dia em que você não seja perturbado. Embora este exercício possa ser feito em uma cadeira, é melhor deitar-se de costas em uma superfície firme, porém não dura. Em seguida, alongue-se e afrouxe as roupas. Relaxe. Acompanhe a respiração, fixando a consciência totalmente no processo respiratório.

Faça um esforço consciente para ficar completamente amortecido. Comece com os pés e, subindo pelo corpo, relaxe todos os outros músculos. Isso deve levar uns quatro ou cinco minutos.

Nesse estado relaxado, visualize seu *eu* interior tornando-se luz e flutuando, livre do corpo físico. Imagine-se flutuando diretamente acima do corpo, como se estivesse em uma nuvem de ar. Permita-se experimentar essa sensação por uns cinco minutos e, então, lentamente, desça o seu *eu* astral, retornando ao corpo. Faça este exercício várias vezes até se sentir confortável quando flutua. Prossiga para a próxima fase.

Livre do corpo, vá até uma outra sala. Vá lentamente e fique algum tempo examinando tudo lá. Observe os móveis, quadros e todos os objetos de interesse. Faça esse exercício várias vezes, e depois peça a alguém que mude a disposição da sala antes de sua próxima jornada. Após voltar ao corpo, anote exatamente tudo o que você viu e onde cada coisa estava posicionada. Retorne à sala e verifique se está certo. Os resultados indicarão se você realmente fez uma projeção astral.

Athame

O *Athame* é uma faca cortante dos dois lados usada para inscrever ou lançar o círculo de poder sobre a terra ou chão. Ele é associado ao elemento fogo e representa força, poder e a força masculina da natureza. Como o *Athame* é uma arma, também tem o poder de subjugar e banir entidades ou espíritos rebeldes.

Em magia, ele é usado para dirigir poder pessoal e focalizar energia na direção desejada. Além disso, também regula e conduz o fluxo da expressão interna ao destino desejado durante operações mágicas.

Consagração do Athame

Itens necessários: pequena tigela com água e três pitadas de sal; uma vela branca; uma vela preta; incenso de sândalo.

Na noite da lua cheia, coloque os itens acima sobre seu altar ou mesa pequena. Acenda as duas velas e o incenso. Relaxe e foque o *athame*. Passe a lâmina e o cabo pela chama da vela preta, dizendo:

Que todos os pensamentos negativos sejam banidos e todas as vibrações negativas desapareçam.

Agora, passe a lâmina e o cabo do *athame* pela chama da vela branca, dizendo:

Que somente as forças e os poderes que desejo estejam presentes a partir deste momento.

Passe o *athame* pela fumaça do incenso, pela chama da vela branca e, por último, pingue um pouco da água salgada, dizendo:

Elementos do Ar, do Fogo, da Água e da Terra.
Esta ferramenta de magia agora façam nascer.
Abençoado e consagrado nesta hora
Que sejas tu, athame *de força e poder.*

Enrole o *athame* em seda vermelha e guarde-o em um lugar seguro. Use-o somente para ritos mágicos e encantamentos.

B

Banimento

Em bruxaria e magia, banir geralmente significa expulsar energias indesejáveis que podem influenciar ou causar algum impacto no trabalho mágico. A Bruxa, o Bruxo ou o mago costumam banir essas energias negativas da área em que estão trabalhando antes de realizar qualquer rito ou encantamento.

Ritual de banimento do pentagrama

Item necessário: athame.

O pentagrama é uma estrela de cinco pontas. Ele representa os quatro elementos (terra, ar, fogo, água) sujeitos à Akasha, ou espírito. É considerado um dos amuletos mais poderosos das artes mágicas. Nenhum Bruxo ou Bruxa que se preze sai de casa sem ele.

Durante séculos, os magos cerimoniais têm usado o ritual do pentagrama como prelúdio de seus ritos místicos. O ritual serve para purificar a área das vibrações negativas. Também pode ser usado para purgar uma pessoa de pensamentos prejudiciais ou obsessivos. A melhor característica do ritual do pentagrama é criar uma atmosfera positiva para o trabalho com a magia.

Comece o ritual com uma curta meditação relaxante, para livrar a mente e o corpo do estresse e de pensamentos dissonantes. Quando sentir que o momento é propício, fique de pé e de frente para o Leste. Segure o *athame* com a mão direita:

Toque a testa e diga: *Ateh* (tu és).

Toque o peito e diga: *Malkuth* (o reino).

Toque o ombro esquerdo e diga: *Ve-Gedulah* (e a glória).

Toque o ombro direito e diga: *Ve-Geburah* (e o poder).

Cruze as mãos sobre o peito e diga: *Le-Olam* (para sempre).

Segure o *athame* à sua frente e diga: *Amém*.

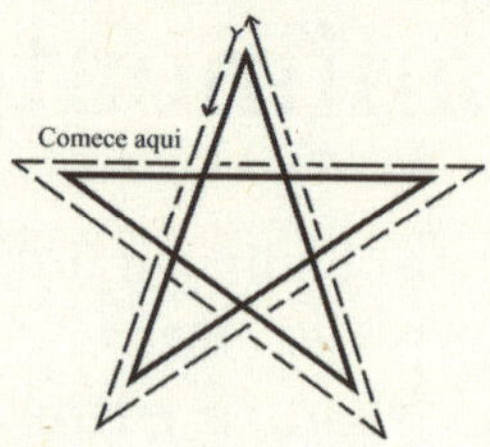

Isso completa a cruz cabalística (um ritual criado, na forma moderna, pela Ordem Hermética do Alvorecer Dourado) ou a abertura do ritual. Respire fundo várias vezes, para energizar-se, e prossiga com o ritual, inscrevendo o pentagrama propriamente dito. De frente para o Leste, com o braço estendido, trace o pentagrama com seu *athame*. Quando estiver completo, enfie o *athame* no centro e entoe o nome da divindade:

Yod He Vau He.

Prossiga para o Sul. Trace o pentagrama invocador no ar com o *athame*, como fez no Leste. Quando o pentagrama estiver completo, enfie o *athame* no centro e entoe o nome da divindade:

Adonai.

Vá para o Oeste. Trace o pentagrama invocador no ar com o *athame*. Quando estiver completo, enfie o *athame* no centro e entoe o nome da divindade:

Eheieh.

Passe para o Norte. Trace o pentagrama invocador no ar com o *athame*. Quando estiver completo, enfie o *athame* no centro e entoe o nome da divindade:

Agla.

Retorne ao Leste e complete o círculo, enfiando o *athame* no primeiro pentagrama que você criou. Agora, dê um passo para trás, e com os braços estendidos para formar uma cruz, recite os seguintes versos, com grande resolução:

Diante de mim está Rafael,
Atrás de mim está Gabriel.
À minha direita está Miguel.
À minha esquerda está Auriel.
Diante de mim queima o Pentagrama,
Atrás de mim brilha a estrela de seis raios.

Complete o ritual repetindo a cruz cabalística como fez no início. A área agora está limpa para o trabalho mágico.

Este ritual também pode ser feito como rito de autoproteção. Conheço algumas pessoas que o fazem todas as manhãs, logo que se levantam. Os pentagramas funcionam como escudos o dia todo. O poder protetor do rito se dissipa com o tempo; por isso, precisa ser repetido a intervalos regulares.

A chave para qualquer ato mágico de purificação é a visualização. Você deve ser capaz de projetar uma imagem visual da forma-pensamento com a qual está trabalhando, podendo vê-la e senti-la. Neste caso, seria o pentagrama, uma estrela flamejante de energia e poder, a distância determinada.

C

Cabelo

O cabelo representa força e energia. Os antigos cristãos raspavam a cabeça para demonstrar sua devoção à religião. Em algumas culturas, é considerado um ato de pureza remover todos os pelos do corpo antes do casamento. Na Idade Média, cortar o cabelo de uma pessoa tinha um valor judicial simbólico e era uma forma de desonrar o infrator de alguma lei.

Em culturas onde se pratica magia, o tufo do cabelo de uma pessoa podia representar a própria pessoa e ser usado de acordo. Até a cor era levada em conta. Na Idade Média, cabelos loiros eram considerados bons ou celestiais, ao passo que uma cabeleira ruiva era um sinal do mal ou de bruxaria.

Os praticantes modernos de bruxaria ainda usam o cabelo para ligar uma pessoa a um encantamento. Segundo as crenças, se você tem o cabelo da pessoa, tem uma parte dela, e o que fizer com o cabelo terá efeito direto sobre ela. O cabelo é frequentemente usado em rituais de cura e encantamentos de amarração.

Magia do cabelo

A trança que amarra

O objetivo deste encantamento é amarrá-lo à pessoa amada. Você precisará de três longos fios de cabelos seus e da outra pessoa, uma tira de fita vermelha e uma pequena caixa de madeira (cerejeira). Faça uma trança com os fios, entoando:

Que teus pensamentos sejam somente sobre mim,

Não verás outro/a.
Com esta trança, eu te amarro para sempre,
Para nunca te perder.
Estás amarrado/a em sono e em vigília,
Para sempre será meu o teu coração.

Amarre a ponta da trança com a fita vermelha. Coloque a trança na caixa de madeira e guarde-a do lado de sua cama.

Encantamento de proteção

Para este encantamento, você precisará de uma mecha de seu cabelo, uma vela, um pequeno envelope branco, cera para colar e um selo com sua inicial.

Coloque todos os itens sobre o altar ou uma mesa pequena. Acenda a vela, coloque a mecha de cabelos no envelope, feche-o e sele com a cera e a sua inicial.

Entoe os versos abaixo para o envelope e coloque-o em lugar seguro.

Selado/a aqui dentro ficarei
Para que nenhum mal me suceda.

Chave

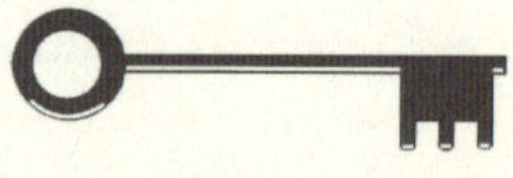

A chave simboliza o poder de abrir e de fechar. Esse conceito é observado no símbolo da pomba e a chave, significando o espírito que abre os portões do céu. Na mitologia romana, Janus, o deus das portas e dos novos começos, geralmente era representado por um cajado de porteiro e uma chave. A deusa Hecate era a guardiã da chave que abria a porta do submundo, que por sua vez revelava os mistérios e segredos do conhecimento do outro mundo.

Em linguagem simbólica, uma chave geralmente significa a iniciação e o conhecimento que o dono dela obterá. A cor da chave também é importante. A chave de prata representa compreensão psicológica; a de ouro indica sabedoria filosófica; e a de diamante confere o poder de agir.

Encontrar uma chave significa o estágio imediatamente anterior à descoberta do tesouro, encontrado somente depois de grandes dificuldades. Há também uma relação entre a chave e o *ankh* egípcio (símbolo da vida eterna). Frequentemente, vemos gravuras de deusas e deuses egípcios segurando o *ankh* pela parte superior, como se fosse uma chave, principalmente em cerimônias que dizem respeito aos mortos. Como arquétipo, a chave representa o conhecimento ou a habilidade para abrir os portões da morte para a imortalidade.

Ciganos

O termo em inglês para cigano, *gypsy*, é uma abreviação da palavra Egito e se refere ao Egito Menor ou Baixo Egito. As pessoas dessa região ou da periferia do Egito eram extremamente habilidosas em magia natural e particularmente talentosas na arte de prever o futuro. Viajantes turbulentos, os ciganos percorreram a Europa na Idade Média.

No início do século XVI, muitos deles já tinham se espalhado por todo o continente europeu. Formavam um grupo extremamente fechado e não se casavam nem tinham amizades fora de sua linhagem. Viviam, viajavam e trabalhavam em grupos familiares chamados *cumpanias*.

Os ciganos eram andarilhos e viajavam em caravanas conhecidas como vardos. Subsistindo da terra, eles ganhavam a vida graças a seus talentos mágicos e adivinhatórios. Famosos por suas poções de amor, fetiches de proteção e habilidades psíquicas, foram muitas vezes alvo da perseguição cristã. Embora tenham quase totalmente desaparecido, seu legado de magia sobreviveu. Hoje, através de textos históricos e mágicos, pode-se aprender sobre o estilo de vida cigano e seus legendários costumes mágicos.

Magia cigana

Óleo cigano para atrair amor

Na virada da lua nova, colha uma rosa silvestre e um ramo de alecrim fresco. Coloque-os em um frasco cheio de óleo de rosas e tampe bem. Em volta do gargalo, amarre um fita de cetim verde.

Na noite de lua cheia, em um lugar onde você possa ficar sozinho, segure o frasco, de modo que os raios do luar incidam diretamente sobre ele, e entoe os seguintes versos nove vezes:

Mãe da lua, mãe do amor,
Desça para mim, lá do alto.
Com seu poder, lanço este encantamento.
Infunda este aroma com paixão ardente.

Passe o óleo nos ombros, no peito (ou nos seios) e nos pulsos. Quando a pessoa amada for exposta ao aroma, não poderá resistir a você.

Poção cigana do amor

De acordo com o folclore cigano, esta poção é garantida para fazer a pessoa desejada cair aos seus pés. Para fazê-la, você precisará de uma maçã madura, várias pétalas de rosa e um vinho tinto suave.

Em uma tigela de porcelana branca, amasse a maçã e as pétalas de rosa até formarem uma polpa. Escoe o suco em um copo ou frasco. Encha o copo com vinho e adicione a mistura de maçã e rosa. Mexa com o dedo médio da mão esquerda três vezes. Enquanto faz isso, diga em voz alta as palavras de amor que você sente, infundindo-as na mistura.

Em seguida, pegue outro copo e inscreva este símbolo no fundo:

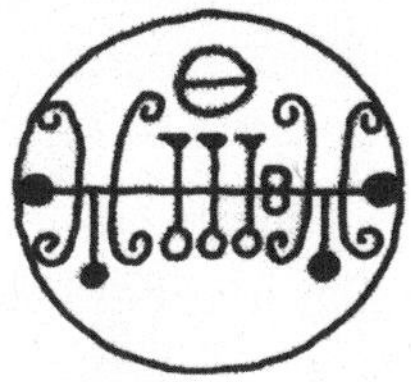

Despeje a mistura no copo e sirva-a à pessoa desejada. Quando ela beber o vinho, ficará imediatamente sob o poder de seu encantamento.

Bolsinha cigana para atrair dinheiro

Os ciganos apreciavam muito as bolsas e carteiras enfeitadas e costumavam dotar seu conteúdo de grandes poderes. Para atrair negócios, o cigano acrescentava itens mágicos à sua bolsinha de dinheiro. Uma vez abençoada, a bolsa se tornava um poderoso ímã.

Em uma noite de sexta-feira, quando a lua começar a minguar, junte os seguintes itens:

- Uma moeda de ouro
- Três pequenas bolotas (caídas de árvores)
- 28g de ouro em pó
- Três pedregulhos tirados de uma encruzilhada
- Um ímã pequeno
- Uma raiz de jalapa verdadeira
- 28g de pétalas de malmequer

Coloque os itens em uma bolsinha de seda dourada. Agora, num pedaço de papel pergaminho, desenhe o seguinte emblema:

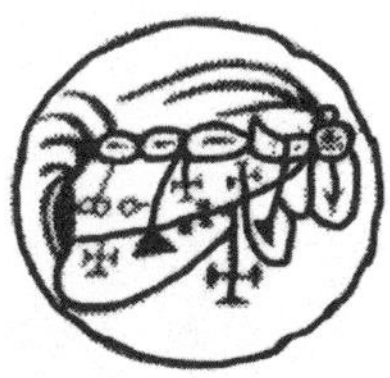

Ponha o emblema dentro da bolsinha com os outros itens. Segure-a na mão direita e pronuncie esta bênção para ela:

Dinheiro daqui e dinheiro dali
Para satisfazer minhas necessidades e sobrar muito
Tesouros que tragam segurança e tranquilidade
Ouro e verde agora encham a palma da minha mão.

Pendure a bolsinha no espelho do carro ou guarde-a em sua bolsa ou mala de trabalho. Uma vez por mês repita a bênção com as palavras acima para que o encantamento continue funcionando para você.

Encantamento cigano de proteção

Os ciganos davam muito valor ao poder das cartas. Este encantamento simples era usado para proteger a família daqueles que lhes quisessem mal. No Ás de Espadas, escreva o nome da pessoa com tinta rosa. Coloque sobre a carta, em cima do nome, uma vela preta e três penas de corvo preto.

À meia-noite, antes da virada da lua nova, acenda a vela e entoe:

Não se iluda,
Você está perdido em confusão.
Eu agora o ponho em seu caminho,
Longe de mim você estará.

Quando a vela queimar por completo, amarre a carta com fio vermelho e preto. Leve-a à encruzilhada mais próxima e enterre-a. A intenção é causar confusão na vida da vítima para que ela não o aborreça mais.

Encantamento para sabedoria e verdade

Este encantamento o ajudará a encontrar a felicidade que vem da sabedoria e da verdade. No primeiro domingo depois da lua nova, inscreva um pequeno círculo na terra. No centro do círculo, desenhe este símbolo:

Coloque uma pequena vela dourada em cima do símbolo e nove sementes de maçã espalhadas regularmente ao redor do círculo. Acenda a vela e diga:

Que agora a sabedoria e a verdade me guiem.
Sigam-me e abençoem-me todos os dias de minha vida.

Quando a vela queimar por completo, coloque as sementes de maçã em uma bolsinha e use-a em volta do pescoço. A verdade e a sabedoria virão em seguida.

Como Atrair a Lua

Os antigos gregos e romanos acreditavam que as Bruxas tinham o poder de atrair a lua do céu. A crença não é totalmente descabida. Se uma bruxa fosse vista invocando a Deusa sob a lua cheia, ela realmente pareceria estar de pé, em uma posição em que os raios do luar a iluminavam, dando a impressão de haver entre ela e o orbe lunar um elo direto.

Na Wicca moderna, o rito de *Atrair a Lua* ou *Invocar a Lua* tem considerável importância. Nessa potente invocação, a praticante entra num tipo de transe, num estado alterado de consciência, e atrai a essência da Deusa para si própria. A energia da Deusa é focada em uma arte mágica, enxergando o futuro ou trazendo uma revelação espiritual.

Atrair a lua requer que a pessoa esteja totalmente aberta e receptiva ao espírito feminino da natureza. O rito geralmente é feito ao ar livre, sob a luz da lua cheia. Fique de pé, com os braços estendidos para cima, na direção da lua. Quando a praticante estiver totalmente relaxada, deve focar a atenção na lua, sentir seus raios descerem e tocá-la. Quando sentir que está na hora, ela lentamente começa a entoar a seguinte invocação, chegando ao clímax emocional:

Invocação para atrair a lua

Deusa feiticeira das encruzilhadas
Cujos segredos são guardados na noite,

És meio lembrada, meio esquecida
E encontrada nas sombras da noite.

Das cavernas ocultas em brumas
Em antigos dias mágicos,
Vem a verdade uma vez proibida
De teus modos celestiais velados

Vestida em escuridão de veludo
Uma dançarina nas chamas
Tu és chamada Diana, Hecate,
E muitos outros nomes.

Invoco tua sabedoria
E te imploro, a partir desta hora,
Que entres em minha alma que espera
E que nossa essência se misture.

Eu te chamo, Ó antiga
De enseadas distantes e longínquas
Vem, fica comigo agora
Isso eu peço, e nada mais.

Cristal

Há muitos tipos diferentes de cristais, mas o quartzo é a pedra mais importante de todas. Pode ser encontrado em todo o mundo e é particularmente respeitado por suas qualidades curativas.

O cristal de quartzo é composto de silício e oxigênio (SiO_2), ambos considerados as matérias-primas dos minerais. Na verdade, a maior parte de nosso planeta é composta de minerais que contêm SiO_2. O dióxido de silício também é um componente importante do corpo humano, o que pode ser a base física para a nossa ligação com os cristais.

Os cristais são originalmente transparentes; assim como o gelo, sua cor só muda quando outros minerais são introduzidos em sua estrutura. A adição de outros minerais, como ferro e magnésio, produz o quartzo rosa, o quartzo amarelo e a ametista.

O cristal de quartzo é um dos melhores minerais da terra. Pode ser usado para ampliar o som em alto-falantes, microfones e outros equipamentos de aúdio. Em relógios, o quartzo ajuda a sincronizar o tempo. O cristal de quartzo também é usado em *laser* e tecnologia óptica.

Na bruxaria e na magia, os cristais de quartzo são usados para amuletos de boa sorte e talismãs de proteção, bem como em amuletos para atrair amor e agentes curativos. Também podem ser utilizados em conjunção com vários planetas e constelações do zodíaco para melhorar a eficácia dos rituais. Independentemente da forma como são usados, os cristais ajudam a ampliar e a estender energia e poder pessoais.

O mais maravilhoso no trabalho com os cristais é o fato de terem eles a habilidade para reforçar e manter as vibrações da energia humana. Quando isso acontece, o corpo físico é fortalecido e rejuvenescido, o que pode ser muito útil, principalmente no caso de uma pessoa envolvida em situações que exijam muito do físico.

O cristal de quartzo é considerado a maior pedra de poder. Ele é associado ao fogo e à água. O quartzo tem a capacidade de focalizar os raios energéticos do sol para atear fogo em lascas de madeira ou em outros materiais de combustão, e ele se parece com água solidificada ou gelo. As Bruxas usam os cristais para representar a Deusa, a lua e o poder psíquico. Os cristais podem ser usados para proteção, cura e poder.

Magia com cristais

Trabalhar com cristais é uma experiência direta com energia mutável de um momento para outro. Não há como desenvolver técnicas padronizadas que possam ser aprendidas e aplicadas a todos. As pessoas são únicas e diferentes, e o mesmo se pode dizer de suas produções de energia. No trabalho com cristais ou pedras, a produção de energia do indivíduo lidando com eles determina o resultado final.

Aprender a trabalhar com cristais é fácil. Comece experimentando um único cristal de quartzo. Escolha um que seja pequeno para carregar, mas suficientemente grande para manusear. Além do tamanho, a transparência e a perfeição do cristal também devem ser levadas em conta. Certifique-se de que o seu cristal seja relativamente transparente e livre de ranhuras.

Após escolher o cristal com o qual você vai trabalhar, purifique-o e energize-o. A purificação do cristal remove quaisquer pensamentos e vibrações anteriores que podem ter se apegado a ele. A energização do cristal deverá programá-lo com os seus pensamentos e vibrações.

Purificação do cristal

Itens necessários: sal do mar, uma tigela vazia, incenso, carvão, fósforos e uma bolsinha protetora para guardar o cristal.

Coloque o seu cristal na tigela vazia e cubra-o com sal. Coloque a tigela em um local onde ela receba a luz do sol por três dias. No quarto dia, tire o cristal do sol e lave-o em água fria. Acenda o incenso. Segure o cristal na fumaça, entoando:

Todos os pensamentos negativos são banidos
Todas as vibrações indesejáveis desaparecem
Somente as forças e poderes que desejo
Estarão aqui a partir deste momento!

Repita esse processo por cerca de um minuto ou até ter certeza de que o cristal está purificado e livre de vibrações negativas.

Programação do cristal

Após o cristal ser devidamente purificado, ele deve ser programado para o uso pessoal. É um processo simples que imbui sentimentos e desejos pessoais no âmago do cristal. Uma vez programado, um cristal se torna uma ferramenta mágica ímpar, sintonizada com a frequência vibratória de seu dono.

A programação é fácil. Os cristais atraem e retêm vibrações energéticas, o que os tornam ferramentas muito úteis para focalizar e direcionar energia. Pense em seu cristal como um minicomputador, e os programas que você instalar nele determinarão o que ele será capaz de fazer. As formas-pensamento usadas para energizar o cristal determinarão o poder e o nível de frequência em que ele irá vibrar. Se você programar o cristal com amor, ele irradiará amor. Se, por outro lado, programá-lo com determinação, agressividade e força, essas serão as vibrações por ele emitidas.

Uma vez purificado, o cristal está pronto para ser programado para o uso pessoal. Existem vários métodos de programação, mas os dois a seguir são os mais comuns.

Segure o cristal e crie uma forma-pensamento (imagem mental) daquilo que você quer que aconteça. Por exemplo, se quiser programar o cristal para boa saúde, visualize a si mesmo estando energética e totalmente saudável. Em seguida, force essa visão ou forma-pensamento no cristal. Para intensificar a visualização, entoe ou diga em voz alta o desejo diretamente para o cristal.

O outro método de programação exige que você segure o cristal acima de seu coração. Crie uma forma-pensamento de seu desejo e deixe essa imagem fluir diretamente do coração para o cristal. Para fortalecer a imagem mental, reafirme-a em voz alta, rezando ou entoando.

Visão do futuro

À meia-noite, pouco antes de a luz começar a minguar, é a melhor hora para se ver o futuro. Você precisará de um cristal, de uma tigela de vidro transparente cheia de água cristalina e uma vela afilada branca.

Coloque o cristal na tigela e cubra-a com água. Coloque a vela bem atrás da tigela e acenda-a. Com o dedo indicador direito, mexa na água lentamente ao redor do cristal, entoando:

Abençoados espíritos da noite
Abençoem-me agora com a segunda visão.

Com sua atenção intensa, a água começará a ficar embaçada, e uma névoa de percepção psíquica encherá a tigela enquanto você continua mexendo. Quando a névoa começar a fluir para fora da tigela, pare de mexer a água e olhe diretamente para a tigela. Focalize a atenção no cristal e repita:

Fogo e água, claros como cristal,
Deixem que as visões apareçam agora.

Visões do futuro certamente surgirão. Quando elas começarem a enfraquecer, anote mentalmente tudo o que viu. Apague a vela e coloque o cristal debaixo de seu travesseiro. Ele lhe fornecerá mais informações por meio do sonho. Mais tarde, anote suas visões em seu livro das sombras.

D

Desfazer

Em bruxaria e magia, desfazer significa remover influências malignas, encantamentos negativos e magia negra. Na maioria das vezes, um ritual para desfazer algo é realizado na lua minguante ou na lua escura, algumas horas antes de ela começar a crescer. Em alguns casos a energia é enviada diretamente de volta à pessoa que a lançou, em primeiro lugar. Entretanto, às vezes isso não é possível. Se a identidade dela não for conhecida, ou se os detalhes exatos do ritual original negativo não puderem ser determinados, a energia é apenas eliminada através de magia, geralmente forçando para dentro de um receptáculo, que deverá depois ser enterrado ou queimado.

Ritual para desfazer

Itens necessários: uma vela preta, sal, uma vasilha à prova de fogo, cordão preto e álcool.

Uma hora antes de a lua começar a crescer, em seu momento mais escuro, monte o altar com os itens necessários. Faça o círculo mágico com o sal. Amarre o cordão preto em volta da cintura da pessoa que recebeu um encantamento negativo e peça-lhe que fique no centro do círculo. Acenda a vela preta e diga com força:

Rápido como o vento, veloz como a noite,
Que o mal seja banido com a luz.
A ti busco onde possas estar
E invoco a lei de três.

Coloque o álcool na vasilha e ponha fogo. Agora, como na unção, coloque-se à distância de um braço e passe a vasilha na frente da pessoa, para cima e para baixo. Ainda segurando-a, caminhe três vezes em volta da pessoa, entoando:

Termino suas maldições com o poder do pensamento,
Todas as suas obras resultaram em nada.
Saia, saia todo o mal,
Para depois perecer e desaparecer no chão.
Como o fogo e as chamas, a luz purificadora
Bane agora e para sempre o sofrimento de [nome da pessoa].

Coloque a vasilha em chamas sobre o altar. Desamarre o cordão preto da cintura da pessoa e deixe-o cair no chão, ainda dentro do círculo de sal. Peça-lhe que saia do círculo. Coloque a vasilha ainda queimando sobre o local onde estava a pessoa. Enquanto ela ainda queima, você e a pessoa devem entoar juntas:

Tu que causaste este tormento
Viverás uma vida triste e amargurada.

Quando o álcool da vasilha tiver queimado por completo, apague a vela. Faça um pequeno buraco no centro do círculo de sal e enterre o cordão e a vela preta. Cubra de terra. Guarde todas as ferramentas, vire-se e vá embora. Não olhe para trás.

Deusa Tripla

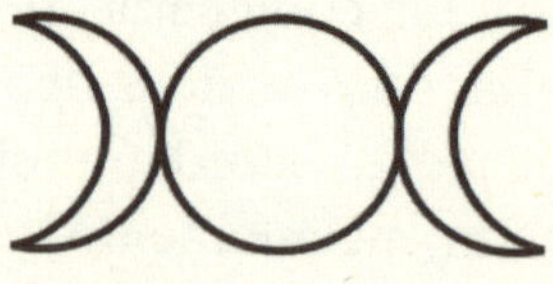

A deusa tripla é encontrada em quase todas as mitologias. Ela era ao mesmo tempo virgem, mãe e velha senhora; a lua na fase crescente, cheia e minguante; tudo o que se relacionava ao feminino, ao encantador, ao maduro e ao sábio. Uma das deusas triplas mais populares era a grega Hecate, que reinava sobre o céu, a terra e o submundo, controlando o nascimento, a vida e a morte.

Para demonstrar sua natureza trina, Hecate portava três símbolos mágicos: a chave, a corda e a adaga. A chave destrancava a porta do submundo, abrindo o caminho para os mistérios e segredos do conhecimento e da vida após a morte. A corda simbolizava o cordão umbilical do renascimento e da renovação — ligação entre a humanidade e a Deusa. A adaga de dois gumes simbolizava o poder de Hecate de cortar através da ilusão.

Hecate proporcionava visões, magia e regeneração e era a guardiã dos portões do submundo. Como guardiã, era associada à encruzilhada e à habilidade para ver além da morte, pois, se você fica de pé em uma encruzilhada, pode ver o passado de onde veio e o futuro, que é o seu destino.

Invocação de Hecate
(para pedir sua bênção ou ajuda)

Itens necessários: uma vela preta grande, incensário, carvão de igreja, incenso Hecate (85g de base de incenso preta (misturada com uma pitada de folhas de patchouli), uma colher de chá de mirra granulada, três gotas de óleo de patchouli e três gotas de óleo de jasmim), pano preto, altar, cálice de vinho tinto, prato de bolos da lua (biscoitos de açúcar em formato de lua crescente), um pedaço de corda, uma chave de porta antiga e o seu *athame*.

Para obter o resultado ideal, faça a invocação numa encruzilhada, o mais perto possível da meia-noite. Antes do ritual, escreva seu nome e desejo na vela preta. Junte todos os itens, junto a algo que sirva como altar, e vá à encruzilhada. Monte o altar bem no ponto onde todos os quatro caminhos se cruzam.

Coloque no centro do altar a vela preta; na frente da vela, o *Athame*; no centro, à direita, a corda; no centro, à esquerda, a chave; e no centro, atrás, o incensário. Acenda o carvão e um pouco de incenso. Respire fundo várias vezes. Relaxe. Concentre-se no seu desejo. Quando sentir que o momento é propício, acenda a vela preta, pegue o vinho e segure-o em posição de oferenda, invocando Hecate.

Tu que sussurras, gentil e forte.
Tu por quem minha alma anseia,
Pela maioria dos homens não és vista
És virgem, mãe e rainha.
Através do véu que passas com orgulho,
Eu te chamo para que fiques ao meu lado,
Hecate.

Tu que sabes, tu que ocultas
Tu que fazes nascer, tu que sentes,
Pois és a Deusa e mãe de todos
Imploro-te agora — vem quando chamo.
Através das brumas, ouço tua voz,
Invoco, por escolha, a graciosa Deusa,
Hecate.

Tu que sofres quando todos os homens morrem
Que com tua vítima se deita em amor.
És a Deusa e rainha do desespero
E contigo partilhamos nosso fim.
Sinto tua paixão, sinto tua presença,
Regozijo-me em tua essência vita,
Hecate.

Rogo-te, dançarina de glória eterna,
Concede-me teu maravilhoso beijo,
Que agora tua luz, teu amor e teu poder
Tornem-se um comigo, nesta hora,
Pois tu és a criadora do céu e da Terra
Por isso meus sonhos e desejos concretiza,
Hecate.

Peça a realização de seu desejo e a bênção de Hecate. Beba um pouco do vinho e coma um dos bolos em honra a ela. Deixe a vela queimar por uma hora e, depois, apague-a. Faça uma oferta de vinho e do resto dos bolos em uma encruzilhada. Guarde todos os seus itens mágicos e deixe a área da maneira como estava quando a encontrou.

Dragão

O dragão é um animal fantástico que aparece em quase todas as tradições mitológicas no mundo todo. Frequentemente descrito como uma mistura de várias criaturas diferentes, ele representa os quatro elementos da vida: ar, fogo, água e terra. O dragão tem as asas de um pássaro e é coberto de escamas como um peixe ou uma cobra. É capaz de cuspir fogo e geralmente protege um tesouro no fundo da Terra. Na Europa pré-colombiana e no Extremo Oriente, o dragão era visto como um símbolo de poder, virilidade e força sobre-humana, sendo considerado um amigo da humanidade.

Em magia, o dragão é totalmente benéfico e é visto como a manifestação das águas que dão a vida (a serpente) e como o sopro da vida (o pássaro). Geralmente, é considerado um poder celestial e tem os atributos do sol e da lua, do masculino e feminino, os lados bom e mau da natureza. O dragão e a serpente se alternam como representações do não manifesto e da criação da forma e da matéria.

O dragão representa o mais alto poder espiritual, o sobrenatural e o espírito de mudança. Quando você alinha suas forças àquelas do dragão, ganha força e poder. A magia do dragão pode ajudá-lo a superar pensamentos negativos e a ensinar-lhe a viver em abundância.

Magia do dragão

Encantamento da prosperidade

Itens necessários: uma vela verde grande em forma de pilar, incenso sangue de dragão, incensário e carvão, óleo de dragão da prosperidade, uma bolsinha de seda verde, cinco moedas novas (no Brasil: 5, 10, 25, 50 centavos e 1 real) e um altar ou uma mesa pequena.

O objetivo deste encantamento é criar prosperidade. Funciona melhor se você tem emprego e está querendo um aumento ou uma bonificação.

(Para fazer o incenso sangue-de-dragão, misture ½ colher de chá de resina sangue-de-dragão com ½ colher de chá de pimenta-da-jamaica, ½ colher de chá de resina de mirra, ½ colher de chá de casca de laranja seca, ½ colher de chá de sândalo em pó. Adicione à mistura 3 gotas de óleo de canela e 3 de óleo temperado de laranja. Para fazer o óleo de dragão da prosperidade, misture 5 gotas de óleo de canela com 3 de óleo temperado de laranja e 2 de óleo de sândalo em um pequeno frasco.)

A primeira coisa que você precisará fazer é desenhar a figura de um dragão na vela. Isso é fácil com a ponta de uma caneta esferográfica ou de um pequeno instrumento para esculpir. Não é preciso ser um trabalho artístico elaborado, mas um simples esboço.

Comece na noite da lua nova. Coloque a vela do dragão sobre o altar com o incensário à frente. Coloque as moedas do lado esquerdo da vela e a bolsa de seda do lado direito.

Acenda a vela verde e o carvão. Quando o carvão estiver ardendo vermelho, jogue sobre ele um pouco de incenso. Pegue a moeda de 5 centavos, segure-a bem apertado, feche os olhos e visualize o dragão em sua caverna. Veja o tesouro dele e toda a riqueza que ele protege. Mentalmente, aproxime-se devagar do dragão. Mostre-lhe a moeda. Em seguida, com muito respeito, peça ao dragão que expanda a sua riqueza, dizendo:

Ó grande dragão de riqueza e poder,
Eu te saúdo nesta hora sagrada.
Boa e grande riqueza agora me envia.
Que minha prosperidade floresça e cresça.

Fique com o dragão por algum tempo. Escute o que ele diz e siga seus conselhos. Quando o dragão começar a desaparecer, saia da caverna e volte ao presente. Coloque a moeda de 5 centavos na bolsinha verde. Quando a última moeda for colocada na bolsa, deixe a vela queimar completamente. O ritual está completo.

E

Ervas

As ervas nos fornecem abundantes substâncias medicinais e mágicas. A maioria é fácil de cultivar e cuidar porque, na verdade, as ervas são mato, apenas. Elas crescem na sombra, entre as rochas, em solo arenoso e podem ficar muito tempo sem água. Uma vez plantadas, as ervas retornam todos os anos e servem de cobertura para o solo, sendo ao mesmo tempo úteis e decorativas.

Além de suas qualidades físicas e medicinais, as ervas são repletas de energia e poder natural. Através de rituais, as Bruxas e Bruxos focalizam e dirigem essa energia para o objetivo desejado. Uma vez carregada magicamente, a erva atrai ou repele ativamente as vibrações que chegam, conforme designado. Por causa de sua força vital e energia, as plantas são maravilhosos condutores psíquicos, bem como poderosos talismãs.

O herbanário urbano

A jardineira

Mesmo quem mora em apartamento tem espaço para cultivar ervas. Monte uma jardineira do lado de fora da janela, enchendo-a de mudas de ervas. As seguintes ervas e plantas pequenas são atraentes e fáceis de cultivar, além de indispensáveis na maioria dos encantamentos de amor.

Jardineira para amor e atração

Alecrim
Aneto
Bálsamo de limão
Cardamono
Erva-do-carpinteiro
Escarola
Estragão
Goiveiro amarelo
Manjericão
Margarida
Rosa
Salsa
Tomilho
Violetas

Canteiro no pátio, terraço ou varanda

Potes de terracota são ideais para o jardim urbano. Quando agrupados em vários tamanhos, tornam-se um atrativo a mais para qualquer terraço ou varanda. A principal parte do canteiro, localizada no centro, geralmente deve ser cheia de ervas altas e espessas, e bolsões laterais ficam com plantas pequenas e rasteiras. As ervas e plantas citadas abaixo crescem bem nesses potes de terracota e contribuem para os encantamentos de atração e prosperidade.

Jardineira para atração e prosperidade

Alfafa
Aneto
Quinquefólio
Cravo
Feno-grego
Hortelã
Malmequer
Manjerona
Musgo irlandês
Papoula

Tomate
Vagem
Virga-áurea
Rainha-do-bosque

Magia das ervas

Bolsinha de ervas para proteção

Itens necessários: uma vela preta, um pedra pequena de um cemitério, uma bolsinha de pano preto cheia com uma pitada de cada uma destas plantas e ervas:

- Verbena
- Absinto
- Tomilho
- Casca de carvalho
- Serragem

Na noite da lua escura, vá a um bosque e encontre um lugar onde quatro caminhos se cruzam (encruzilhada). Fique de pé no meio da encruzilhada, visualize o que você quer projetar e entoe os seguintes versos nove vezes:

Poder da erva, poder da madeira,
Poder da pedra, poder do bem,
Poder da terra, poder da árvore,
Livrai-nos agora de todo o mal.

Quando terminar a entoação, faça um buraco pequeno, coloque a bolsinha nele e cubra-a de terra. Coloque a vela preta sobre o local onde você enterrou a bolsa. Acenda-a e repita os versos mais nove vezes. Apague a vela. Deixe a bolsa lá por três dias. Volte ao lugar e recolha-a. Carregue-a com você para proteção ou entregue-a a alguém que precisa.

Encantamento de amor

Itens necessários: uma pequena planta de manjericão, terra, um cristal de quartzo rosa e um vaso vermelho.

Este encantamento dará ao seu novo romance um tempero especial. À medida que a planta cresce, também crescem o amor e a afeição entre você e a pessoa desejada.

Escreva seu nome e o da pessoa amada na frente do vaso. Pouco antes da virada da lua cheia, coloque o quartzo rosa no fundo do vaso, encha o vaso com terra e plante o manjericão. Enquanto faz isso, entoe:

Pela terra e pela pedra e a Mãe Terra
Faça nascer agora amor e paixão.

Repita a entoação toda vez que regar a planta. À medida que ela crescer, também crescerá a afeição de seu/sua amante por você.

Amuleto de cura para todos os fins

Itens necessários: bolsinha de pano verde, tinta de tecido vermelha ou marcador vermelho e uma pitada de cada um dos seguintes ingredientes:

- Alho
- Eucalipto
- Canela
- Sálvia

Coloque a bolsinha sobre uma superfície dura e alise todas as rugas. Usando a tinta ou o marcador vermelho, desenhe o seguinte "símbolo de cura" na bolsa.

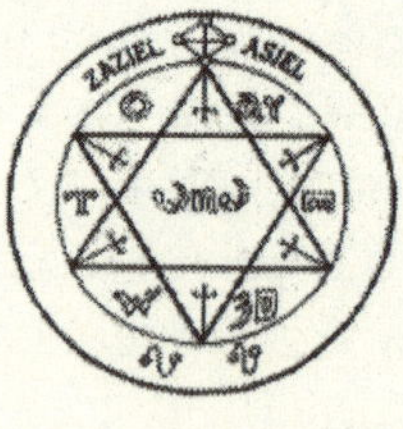

Quando a tinta estiver seca, encha a bolsinha com as ervas. Segure-a e visualize boa saúde. Carregue a bolsa com você durante o dia e, à noite, deixe-a debaixo do travesseiro. Use-a até ser curado.

Espelho

O espelho significa a verdade, o autoconhecimento, a sabedoria e a alma. É considerado um reflexo da inteligência sobrenatural ou divina por trás da criatividade. O espelho também simboliza a luz por causa de sua habilidade para refleti-la. Em magia, o espelho pode ser usado para você prever o futuro, criar artefatos de proteção e examinar sua própria natureza interior.

A arte de prever o futuro olhando num espelho aparece em toda a história do misticismo ocidental. Uma devota da deusa, Deméter, observava uma sagrada fonte cristalina e previa o resultado da colheita. Acredita-se que Catarina de Médici, uma famosa Bruxa, dependia da adivinhação pelo espelho para guiá-la nas complicadas questões de estado na França do século XVI. Orientações para a previsão do futuro podem ser encontradas no *Grimorium Verum*, publicado em 1517.

Magia do espelho

Augúrios

O espelho mais versátil para os augúrios é o de corpo inteiro, com três painéis, que proporciona uma visão de três lados de uma imagem ao mesmo tempo. Quando essa qualidade refletora tripla é aproveitada junto à luz de vela, cria um efeito bastante místico.

Recomenda-se a noite da lua cheia para a observação. Coloque o espelho no canto de uma sala escura e acenda uma vela diante de cada painel. Posicione uma cadeira de frente para o painel central. Sente-se, respire fundo várias vezes e relaxe. Fixe o olhar na imagem refletida da chama central, faça a sua pergunta e olhe profundamente no espelho. Ele começará a embaçar com um véu de bruma etérea. Através dessa bruma, aparecerá uma imagem respondendo à pergunta. Quando a imagem começar a desaparecer, a bruma também desaparecerá. Estando limpo o espelho, apague as velas, cubra-o com uma capa de veludo azul-escuro ou preto e registre a mensagem no seu livro das sombras.

A caixa de espelhos

Há um momento na vida de cada pessoa em que é preciso obter proteção contras forças negativas externas. Isso acontece particularmente com os indivíduos envolvidos em bruxaria e artes mágicas. Por algum motivo, os Bruxos neófitos têm prazer em atacar psiquicamente seus colegas, apenas por diversão. Nesses casos, em que o motivo é pura ignorância, o agressor merece algum tempo na caixa de espelhos.

A caixa de espelhos é uma ferramenta refletora que, por assim dizer, faz o feitiço voltar contra o feiticeiro. Não há necessidade de enfiar alfinetes numa boneca, invocar os demônios do inferno ou convocar o Grande Ceifador. Uma simples devolução da negatividade é suficiente. Use bom senso e pense antes de agir. Isso não significa dar a outra face para levar uma bofetada nem virar mártir, e sim manter a compostura e não se juntar aos seus rivais na sarjeta.

Como fazer uma caixa de espelhos

Itens necessários: uma caixa de tamanho médio com tampa, papel-cartão preto ou tinta preta, seis blocos de espelho, uma vela preta, óleo de sândalo e uma foto ou algo escrito à mão da pessoa a ser colocada na caixa.

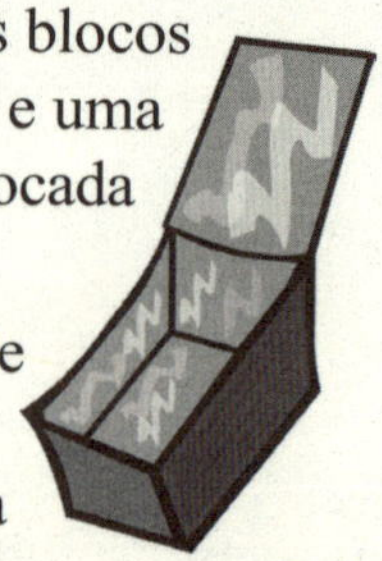

Forre ou pinte o lado externo da caixa de preto. Se necessário, corte os espelhos para que se encaixem na tampa, nos lados e no fundo da caixa. Cole-os com o lado de vidro voltado para dentro da caixa, de modo que quando você olhar para dentro dela você veja o seu reflexo.

Comece este encantamento numa noite de quinta-feira antes da virada da lua nova. Coloque a caixa sobre uma mesa voltada na direção da residência de seu inimigo. Ponha sobre a vela o óleo de sândalo e entoe:

Não é para odiar nem queimar,
Mas apenas para o seu mal a você retornar.

Coloque a vela em cima da caixa e apoie nela a foto ou o papel com a escrita da pessoa. Acenda a vela. Focalize sua atenção na foto para criar um elo mental com a pessoa e entoe:

Tudo o que for mal e a mim enviado
É refletido de volta a você.
Esta caixa mágica deve segurá-lo firme
E o mal se voltará contra você esta noite.
Tudo o que me enviou
Agora, pela lei de três, retornará.

Levante a tampa da caixa, tomando cuidado para não apagar a vela. Abra a caixa e coloque a foto dentro. Feche a tampa e recoloque a vela em cima da caixa. Deixe-a queimar por uma hora. Repita este encantamento três noites consecutivas. Na terceira noite, sele a caixa com a cera da vela e deixe a vela preta queimar totalmente. Enterre a caixa ou guarde-a em um lugar seguro. Se a pessoa na caixa continuar atormentando você, repita o encantamento.

F

Fadas

As fadas são criaturas mágicas dotadas dos poderes de metamorfose e invisibilidade. Elas habitam o reino invisível conhecido como a terra do meio ou a terra inferior. Geralmente descritas como pequenos seres humanoides com asas diáfanas, elas parecem anjinhos. No entanto, não são nada angelicais; são, isto sim, imprevisíveis e podem ser benévolas ou maldosas.

Às vezes chamadas de "pessoas pequenas" ou "o povo pequeno", as fadas fazem parte da maioria das culturas, tradições religiosas e crendices populares do mundo. Na Europa, são consideradas espíritos da natureza que vivem nas árvores, nas plantas e nos cursos d'água. O Cristianismo parece vê-las como anjos caídos de Lúcifer; portanto, criaturas malignas. Segundo outras crenças populares, principalmente de origem africana, as fadas são almas dos mortos ou dos ancestrais.

A cultura celta foi a que provavelmente mais contribuiu para a divulgação da existência de fadas, supostamente descendentes dos pequenos e escuros povos neolíticos que invadiram a Europa no início de sua formação. Por serem pequenas e escuras e porque viviam perto da terra, podiam rapidamente se esconder dos inimigos. Por causa dessa habilidade, aliada aos seus maneirismos fugidios, as pessoas passaram a acreditar que as fadas eram capazes de fazer magia, mudar de forma e ficar invisíveis.

Quando as antigas religiões pagãs foram extintas, as fadas ficaram relegadas ao reino do mito e da fantasia. Encontramos a Grande Deusa transformada na boa fada madrinha ou na rainha das fadas. O Deus Gamo se tornou o Rei das Fadas, Puck, e o *trickster*[1].

Já as fadas com características menos atrativas foram relegadas ao reino dos demônios.

O reino de fadas e duendes

Auki

O espíritos das montanhas do Peru que habitam os Andes, invocados pelos *brujos* (xamãs) para curar os doentes. Os *brujos* o chamam assoviando. O *auki* desce e canaliza seu poder através deles.

Bogie

Um diabrete assustador, ou *goblin*, do folclore inglês. O *bogie* é descrito como pequeno, preto e peludo. É considerado perigoso, maldoso e astuto e conhecido por sua inteligência. Os pais às vezes usam a ameaça do *bogie* para obrigar as crianças a se comportar.

Brownie

Um espírito doméstico popular no folclore escocês e do norte da Inglaterra, o *brownie* é um humano pequenino, marrom e desgrenhado, geralmente maltrapilho, e suas vestimentas também são marrons. Os *brownies* são considerados trabalhadores, porque gostam de fazer trabalhos domésticos, como moer grãos, fazer manteiga e arar a terra. Adoram ajudar os humanos, principalmente em tarefas chatas. Para agradecer ao *brownie*, você deve colocar um tigela com creme fresco e pão recém-assado. Se for criticado, ele desfaz tudo o que fez e ainda estraga muito mais.

Deva

Na filosofia da Nova Era, os *devas* são os guardiões da natureza e os responsáveis por construir formas nos planos interiores, bem como no plano físico. Os *devas* possuem as chaves do destino para

---

1. N. do Trad.: trickster, *literalmente "enganador", "impostor", é um duende da mitologia celta que gosta de pregar peças nas pessoas. A lenda do* trickster *é parecida com a do saci-pererê no Brasil.*

todas as formas à nossa volta. Eles assumem a aparência e o tamanho que quiserem, desde o gnomo terrestre ao mais alto arcanjo.

Elfo

Encontrados no folclore britânico, escandinavo e teutônico, os *elfos* são seres sobrenaturais pequenos, com aspecto humanoide, que se parecem com velhos. Entretanto, as donzelas dos *elfos* são consideradas jovens e muito bonitas. Eles vivem em comunidades ou reinos escondidos nos buracos das árvores, em tocas longas ou em pequenos montes. São governados por um rei e uma rainha. Sempre que podem, os *elfos* exercem seus poderes sobre os humanos, geralmente com má intenção. Se forem ofendidos pelos humanos, eles se vingam roubando bebês, gado, leite e joias e são famosos por encantar o agressor, segurando-o por anos. Os *elfos* aparecem depois do pôr do sol e dançam ao luar, nadam em lagoas rasas e brincam nos bosques.

Gnomo

Considerados espíritos da natureza ou elementais, os *gnomos* parecem anões corpulentos e geralmente aparecem como velhinhos vestindo fraques de monges. Os *gnomos* vivem na terra, o elemento que representam, e são os guardiões dos tesouros da mãe natureza.

Goblin

Um espírito da terra grotesco, pequeno e ardiloso. Muito populares no folclore europeu, os *goblins* supostamente chegam à altura do joelho de um ser humano, têm cabelo e barba cinzas. Habitam os lares dos humanos, onde se deliciam provocando fenômenos de *poltergeist*. Não são amigos dos adultos, mas parecem gostar de crianças, pois costumam protegê-las e trazer-lhes presentes.

Imp/Impa

Um monstrinho maldoso, geralmente descrito como filho do Diabo. Os *imps* se manifestam em muitas formas diferentes. A mais popular é a de um bebê feio, com chifres se projetando da cabeça e asinhas nos ombros. Os *imps* eram as atrações principais nos julgamentos de Bruxas, por serem considerados companheiros das acusadas.

Leprechaun

O folclore da Irlanda é cheio de contos famosos com esse sapateiro duende. O *leprechaun* é descrito como tendo um rosto enrugado, barba grisalha e olhos brilhantes. Ele usa uma jaqueta vermelha com botões prateados, calções marrons, sapatos pretos com fivela prateada e um chapelão verde. Em ilustrações, ele geralmente aparece com um avental, segurando um martelo e consertando sapatos. Essa criatura pequenina é cheia de truques e gosta de pregar peças em humanos. Também tem a reputação de esconder em algum lugar um pote de ouro.

Ninfa

As *ninfas* são espíritos femininos da água que aparecem nas mitologias clássicas grega e romana. São descritas como lindas donzelas em vestidos leves, com longos cabelos ululantes. As *ninfas* costumavam servir aos deuses e entretê-los com danças e música. Como a maioria das criaturas espirituais, elas eram boas ou más com relação aos humanos.

Pixie (fadinha)

Essas pequenas criaturas são descritas como ruivas, têm narizes pequenos e empinados, orelhas pontudas e rostos jovens, porém pálidos. Elas têm um gosto especial por jardins floridos e costumam morar embaixo de cogumelos grandes. Em relação aos humanos, as emoções das *pixies* divergem. Se, porém, gostarem de uma pessoa, elas a ajudarão em suas tarefas domésticas e no jardim. Também gostam de trabalhar com ouro, prata e bronze. Alguns acreditam que o resíduo de metal do trabalho delas é o principal ingrediente do pó de fada, um pó mágico para fazer com que os desejos se tornem realidade.

Magia das fadas

Como as fadas e os duendes são ligados à natureza, seus encantamentos geralmente são feitos ao ar livre. Um pequeno riacho, uma lagoa com lírios secreta, a base de uma árvore, um campo de flores silvestres são ótimos ambientes para a magia das fadas. Mesmo jardineiras grandes, embaixo de janelas, com plantas aromáticas e delicados brotos de flores, servem de morada desses pequeninos seres.

O encantamento dos desejos

Para este encantamento, você vai precisar de uma velinha de aniversário branca, uma moeda de prata, sete biscoitos em formato de lua crescente e uma área reclusa num bosque onde você possa ficar sozinho.

Enquanto você caminha pelo bosque, fique de olho nos círculos das fadas, pequenas áreas circulares cercadas por cogumelos vermelhos com pintas brancas não comestíveis. Acredita-se que as fadas se reúnem dentro desses círculos para celebrar seus ritos mágicos. Quando você encontrar um, coloque com cuidado sua moeda no centro. Coloque a vela em cima da moeda, acenda-a e faça seu desejo. Quando a vela tiver queimado completamente, coloque os biscoitos ao redor da moeda, declare seu desejo em voz alta e vá embora. Se, mais tarde, você voltar ao local e perceber que a moeda e a vela não estão mais lá, saberá que seu desejo se tornou realidade.

Encantamentos e fetiches das fadas

Se há uma coisa da qual a fada tem orgulho é a sua habilidade para encantar ou fazer um fetiche em humanos, que nem sequer percebem. Usando ervas, flores e evocações místicas, a habilidosa fada cria um pó mágico que pode ser usado para inspirar amor, proteger as pessoas amadas e gerar grandes riquezas, uma vez borrifado no chão ou sobre uma pessoa.

Pó de fadas

Itens necessários: um liquidificador ou moedor de café, *glitter* prateado, um pote azul-escuro, três moedas de prata, tinta prateada ou uma caneta de tinta prateada e as seguintes ervas secas, moídas (1 colher de sopa de cada):

- Rainha-do-bosque
- Cravo
- Rosa
- Jasmim
- Ulmária

Coloque o pó dentro do pote azul-escuro. No lado de fora do

pote, inscreva o seguinte símbolo com a tinta ou caneta prateada:

Na véspera do mês de maio, no início do pôr do sol, coloque o pote de pó no centro de um círculo de fadas. Ajoelhe-se ao lado do círculo, destampe o pote e entoe os seguintes versos nove vezes:

Espíritos da natureza e amigas fadas
Abençoai este pó para servir aos meus propósitos.
Deposito minha confiança em vós
Para que me tragais amor, riqueza e prosperidade.

Levante-se e saia da área por uma hora, dando às fadas tempo para abençoar o seu pó. Quando voltar, agradeça às fadas por sua ajuda, recolha o pote e deixe as três moedas de prata no lugar dele.

Espalhe o pó sobre a pessoa amada enquanto ela está dormindo, para aumentar a paixão; borrife sobre a entrada de sua empresa para atrair novos clientes; ou coloque em volta do perímetro de sua casa para convidar a felicidade e a boa vontade.

Encantamento com gnomos para atrair a prosperidade

Os jardins, principalmente aqueles criados com um propósito, atraem as fadas e os duendes bons e todo tipo de criatura benéfica. Cultive um círculo de terra de 2,70m. Em volta do perímetro, coloque pequenas pedras de cristais.

No centro do círculo, coloque um gnomo de pedra (anão de jardim). Ao redor dele, plante uma mistura de malmequer e cravo. Todos os dias, passe algum tempo com o gnomo. Faça amizade com ele e peça-lhe que faça sua riqueza crescer, paralelamente ao jardim. Para ter certeza de que ele realizará seus desejos, entoe os seguintes versos sempre que você regar o jardim.

Espíritos da natureza em toda parte
Meu amor e minha energia eu agora partilho.
Com águas frias este encargo vos dou
As plantas agora crescem, desabrocham e vivem,
De vossa dádiva de riqueza agora quero compartilhar
E, em troca, vos dou meu sincero carinho.

À medida que o jardim vai se desenvolvendo, crescerão também sua riqueza e prosperidade.

Fantoche

Um fantoche é um boneco feito de pano ou argila para representar uma pessoa ou pessoas a quem queremos dirigir um encantamento. O boneco de pano geralmente é recheado de serragem para ganhar forma e ervas que correspondem à intenção primária do encantamento. Quando o material usado for a argila, pequenas quantidades das ervas primárias são amassadas e depois misturadas na argila macia. Fotos, cabelo, raspas de unha e vestimentas pertencentes à pessoa também devem ser acrescentados ao fantoche. A intenção é fazer com que o boneco se pareça com a pessoa, para que aquilo que for feito com o boneco aconteça realmente com ela.

Na maioria dos casos, os fantoches são usados para encantamentos de atrair amor e ritos de cura; em outros, servem para proteger um indivíduo de qualquer mal. Todo o processo se baseia no princípio da magia, a Lei da Similaridade (também chamada de magia da homeopatia ou da imitação), que basicamente afirma que semelhantes produzem semelhantes, ou seja, um efeito se assemelha à sua causa. Em termos mais simples, tudo o que você fizer para a representação simbólica de uma pessoa, coisa ou lugar afetará diretamente a mesma pessoa, coisa ou lugar.

Encantamento para atrair amor

> *Itens necessários*: cordão de seda vermelha, óleo para atrair amor, incenso para atrair amor e uma vela vermelha, que deverá queimar por pelo menos sete horas.

A intenção deste encantamento é amarrar duas pessoas pelo amor. A primeira coisa que você precisa fazer é construir dois fantoches de pano vermelho. Deixe um lado de cada boneco aberto para rechear. Encha os bonecos com quantidade igual das seguintes ervas moídas: cravo, raiz de lírio florentino, cardo abençoado, coriandro, erva-do-carpinteiro (mil-folhas) e selo de Salomão. Insira em cada fantoche um pouco de cabelo, raspas de unha e algo escrito à mão de cada pessoa. Se tiver fotos de rosto, cole-as no lado frontal da cabeça de cada fantoche. Vista-os com um pedaço de tecido ou roupa pertencente às pessoas representadas. Agora, os fantoches estão prontos para a amarração através do seguinte rito.

Comece o encantamento numa segunda-feira, no período da lua crescente. Coloque a vela vermelha no centro de seu altar e acenda o incenso. Use um alfinete ou faca afiada para gravar os nomes das pessoas na vela. Esfregue na vela o óleo para atrair amor, entoando:

Vela do amor, faça este encantamento funcionar
Para que aquele/a que eu amo me ame também.

Acenda a vela. Passe cada boneco pela fumaça do incenso e depois pela chama da vela, dizendo:

Ar e fogo, realizem meu desejo.

Coloque o fantoche que representa você a sete polegadas (17,7cm) do lado esquerdo da vela e o que representa a pessoa amada a sete polegadas do lado direito. Visualize a pessoa, entoando os seguintes versos sete vezes:

Eu te encanto pela terra e pelo céu
Vem a mim, vem a mim, vem a mim na contagem de sete.
Através do luar e da escuridão da noite
Todo o meu amor tu corresponderás.
[Nome da pessoa], pensa em mim com amor e prazer
Quando vieres a mim todos os dias.
Agora vem a mim, vem a mim.
Pois este é o meu desejo, e que assim seja!

Deixe a vela queimar por uma hora. Repita o encantamento exatamente da mesma forma por seis noites consecutivas. Cada vez que o fizer, aproxime os bonecos uma polegada (2,5cm) da vela. Na sétima noite, os dois fantoches deverão estar tocando a vela, mas não a ponto de pegarem fogo. Dessa vez, você deixa a vela queimar por completo. Quando ela acabar, use o cordão vermelho para amarrar juntos os fantoches, um de frente para o outro. Esconda-os em um lugar onde você e a pessoa amada vão se encontrar.

Fantoche para sucesso pessoal

Itens necessários: uma vela amarela ou dourada, incenso para sucesso e uma caixa grande onde caibam o fantoche e mais 60 itens pequenos.

Este fantoche o ajudará a encontrar um novo emprego, ter uma promoção ou alcançar aquela meta especial. Você precisará fazer um boneco com um pedaço de sua roupa. Moa quantidades iguais dos seguintes componentes: canela, louro, malmequer, casca de laranja, alecrim e castanha. Encha o fantoche com a mistura de ervas e costure a abertura. Cole uma foto sua (de corpo inteiro) na parte frontal do fantoche. Amarre uma faixa de seda amarela em volta dele e certifique-se de que o boneco está bem feito e tem boa aparência. Coloque-o no centro de seu altar e consagre-o para o sucesso pessoal.

Comece este rito numa manhã de domingo, no período da lua crescente. Acenda a vela e o incenso. Passe o fantoche pela fumaça do incenso e depois pela chama da vela, entoando:

Com ar e fumaça, chama e fogo,
Eu agora te consagro para o meu desejo.

Segure o fantoche perto da boca. Falando suave e com intenção forte, respire seu desejo nele. Repita o processo seis vezes, sempre passando o fantoche pela fumaça do incenso e pela chama da vela, recitando a entoação. Deixe a vela queimar por uma hora.

Diariamente, durante os próximos 59 dias, você deverá acender a vela e pronunciar o seu desejo. Depois, coloque um objeto que corresponde ao seu desejo ao lado do fantoche, na caixa.

Por exemplo: se você quer um aumento de salário, coloque uma foto de seu chefe na caixa, ao lado do fantoche. No dia seguinte, acrescente à caixa algo escrito à mão por ele; depois, uma cópia do cheque de seu último salário, e assim por diante.

No fim do último dia, deixe a vela queimar por completo. Disponha todos os itens na caixa, junto ao fantoche, de uma maneira que represente o seu desejo. Pendure a caixa em uma parede perto de sua mesa de trabalho, altar ou cama.

Fantoche para cura

Faça uma figura humana com pequenas varetas de macieira e forre com tecido de algodão verde, formando o fantoche. Encha o boneco com as seguintes ervas moídas: angélica, eucalipto, ginseng, vida eterna, hortelã-pimenta, menta e wintergreen[2]. Cole no boneco uma foto da pessoa que deve ser curada.

Comece o encantamento no período da lua minguante. Coloque o fantoche sobre o altar, ao lado de uma vela preta. Usando o seu *Athame*, inscreva na vela o nome da pessoa e o mal que a

2. N. do Trad.: tradução literal: "verde de inverno", uma planta cultivada na América do Norte que produz um óleo que pode ser usado para diminuir dores musculares.

aflige. Acenda a vela. Segure o fantoche na frente da vela e entoe sete vezes:

Eu removo a enfermidade, eu removo a dor;
Tiro de seu corpo esta doença.

Visualize a doença saindo do fantoche (e portanto do corpo da pessoa enferma) e fluindo para a vela preta. Deixe a vela queimar totalmente. Coloque o fantoche em um lugar seguro e enterre a vela longe de sua casa.

Feitiço

Na bruxaria e em magia, o termo "feitiço" (*hex*) vem de uma antiga crença norte-americana, segundo a qual se podia usar magia para ferir ou prejudicar outra pessoa — seu corpo, sua família ou propriedade. O feitiço geralmente era lançado por um médico-bruxo ou feiticeiro, que utilizava concentração profunda e imagens simbólicas para afetar seu alvo. Embora o feitiço seja considerado uma maldição ou magia negra, o processo de enfeitiçar pode ser usado de maneira positiva, para trazer boa sorte, curar os doentes e invocar o bem.

Um bom exemplo do uso dos feitiços para gerar resultados favoráveis ainda prolifera nos Estados Unidos. Na Pensilvânia, há séculos os descendentes de holandeses usam uma forma de arte da feitiçaria para proteger suas propriedades, curar os doentes e manter um estado de paz e harmonia pessoal. Para o moderno cidadão metropolitano, a feitiçaria da Pensilvânia pode parecer estranha. Porém, para os antigos povos germânicos, a magia era equivalente

O ciclo anual protegido pelo círculo e a estrela de oito raios, símbolo da vida e do equilíbrio.

O sinal de força e coragem. A águia dupla denota alerta, e as tulipas representam a fertilidade.

à sobrevivência. Os pioneiros dos Estados Unidos enfrentavam muitas dificuldades. Se não mantivessem uma vigilância cerrada sobre as pessoas queridas e não aproveitassem ao máximo o que a natureza tinha a oferecer, não teriam sobrevivido.

Os aspectos mais notáveis do sistema de magia holandesa da Pensilvânia são os símbolos elaborados, ou sinais de feitiços, que eles usam para decorar as casas, os celeiros e as lojas de suas vilas. Esses sinais coloridos representam centenas de anos de tradição e existem em variados padrões e tamanhos. São usados para proteger a propriedade, atrair amor, trazer boa sorte e invocar o auxílio dos quatro elementos para fins agrícolas.

Como fazer um sinal de feitiço

Certifique-se de que tem todas as ferramentas necessárias para completar o sinal escolhido. Se você estiver fazendo um desenho original, esboce-o primeiro em um papel em branco. Veja se o desenho representa mesmo o resultado de seu desejo. Em um disco de madeira ou metal, desenhe o sinal de feitiço. Enquanto desenha, peça uma bênção. Por exemplo: "Este é o universo que me cerca. Ele é abençoado com o poder universal das forças todo-poderosas da criação".

Quando o desenho inicial estiver completo, pinte o sinal com as cores escolhidas por sua harmonia simbólica com os objetivos do sinal. Por exemplo: o desenho de um galo, representando alerta e vigilância espiritual, pode ser pintado de vermelho e branco para poder e proteção.

Quando o sinal estiver pintado, deve ser abençoado e consagrado para o propósito a que se destina. Faça isso, juntando as mãos acima do sinal e carregando-o de energia e poder pessoais. Se o sinal de feitiço for para proteção, você deverá recitar uma entoação ou prece simples que transmita verbalmente seus pensamentos, enquanto você se concentra no sinal. Por exemplo:

Poderes do presente e do passado
Nada há do seu lado.
Sejam agora guardas, permaneçam firmes
Em amor e pureza perfeitas.

Assim que o sinal estiver abençoado, pendure-o do lado de fora da casa para que todos o vejam. Se for para proteção, talvez você queira colocá-lo acima ou ao lado da janela de seu quarto. Se o sinal for para amor, pendure-o acima da porta ou janela da cozinha. Para prosperidade, fertilidade e boa sorte, pendure-o acima da entrada da casa.

Fetiches

Fetiche é o melhor termo para a tradução do inglês *charm*, que por sua vez deriva do francês *charme*, significando canto ou canção. Na magia, fazer um fetiche é agir fisicamente sobre um objeto ou pessoa, forçando-o a mudar suas ações. Geralmente isso é feito através de cantos ou cânticos especiais rítmicos, que colocam o objetivo ou indivíduo sob o controle do Bruxo, Bruxa ou mago.

Para os nossos ancestrais, os fetiches serviam para controlar espíritos malévolos, aos quais era atribuída a causa do sofrimento humano. O mago, Bruxo ou sacerdote era chamado pela pessoa vitimada para que pronunciasse as palavras certas — um encantamento, fórmula ou invocação — sobre o indivíduo ou sua propriedade. O fetiche afastava o olho-gordo ou a força maligna.

Com o advento da palavra escrita, ficou popular a prática de imbuir os fetiches com certa dose de permanência, inscrevendo o verso ou a fórmula mágica em uma variedade de materiais, tais como madeira, papel, osso, pedra, cera, argila e pedras preciosas e metais. O fetiche era gravado diretamente no objeto e usado no corpo ou guardado com o portador.

Na bruxaria contemporânea, um fetiche é um poema ou verso simples recitado para um objeto, como, por exemplo, um amuleto, para dotá-lo de qualidades mágicas. Uma vez recitado, o fetiche exsuda uma energia sutil, que incita e influencia o controle de seu alvo. Devidamente encantado pelo fetiche, um objeto é capaz de atrair amor, criar boa sorte e proporcionar proteção ao usuário.

Magia com fetiches

Fetiche da rosa amarela

Umedeça um tecido com uma pequena quantidade de seu perfume ou colônia favorita. Pegue uma rosa amarela de caule longo e, com muito sentimento e emoção, faça um fetiche para ela, recitando:

As estrelas no céu brilham na escuridão,
Com uma luz que preenche o firmamento divino.
Tão brilhante assim reluz o nosso amor,
Mais forte que o sol, e dizima todos os inimigos.

Enrole a rosa com o tecido perfumado e coloque-a na geladeira. Na primeira oportunidade, dê a rosa à pessoa amada.

Fetiche de casamento

Amarre duas alianças de ouro com uma fita branca. Segure-as com as duas mãos, entoando:

Com corpo e espírito
Assim como estas alianças se unem
Unem-se também nossas almas
Nossa essência se mistura.

Coloque as alianças no bolso ou em sua bolsa. Leve-as com você sempre que estiver junto à pessoa amada.

Fetiche do sucesso

Compre um pequeno pingente de disco solar, de ouro ou latão. Pendure-o na janela para que o sol o ilumine todos os dias. Deixe o pingente absorver os raios do sol por uma semana. Depois, em uma manhã de domingo, fique de pé recebendo os raios do sol e, segurando o pingente, entoe o seguinte fetiche:

Através do sol e da vontade, e com habilidade paciente,
Neste disco eu agora incuto
Que terei sucesso,
Pois é isto que desejo.

Fetiche de proteção

Para este fetiche, você precisará de um pingente de pentagrama e uma tigela com água e sal. Segurando o pingente com a mão esquerda e a tigela com a direita, vire-se para o Oeste. Despeje lentamente a água sobre o pingente, entoando este fetiche:

Elementos da terra e do mar
Retornem àquele triplicado
O que me enviou
A menos que eu tenha chamado
Estou, a partir desta noite, protegido/a
Pelos espíritos de força e poder.

Use como joia o pentáculo todos os dias. Uma vez por mês, na escuridão da lua, repita o fetiche para manter o pentáculo sempre carregado.

Fetiche para poder pessoal

Para este fetiche especial, você precisará de um pequeno diamante ou um cristal de quartzo bem cortado. Numa manhã de domingo, no dia mais perto possível da lua cheia, lave o diamante em água pura e cristalina, enxugue-o bem e segure-o, de modo que os raios do sol brilhem através dele. Olhe para a pedra e entoe o seguinte fetiche para carregá-la de força:

Tu que governas o sol e os céus,
Através de cujo poder o homem vive e morre.
Imprime teu poder; imprime tua força
Nesta pedra de pura luz branca.

Fogo

Na prática da magia, o elemento fogo está relacionado ao Sul, o reino de erergia e poder. O potencial desse elemento se expressa pelo crepitar das chamas, pelas paixões ardentes ou disciplinas que exijam trabalho árduo.

O elemento fogo promove transformação e purificação. O fogo é o poder gerador do sol, que dá a vida. Do fogo, recebemos inspiração e poder pessoal. É a força que motiva e dirige todos os organismos vivos. Ele representa a força de vontade pessoal e a força que inicia a criação.

Tabela de correspondência do Fogo

Valores	energia, transformação, força, poder, coragem
Cores	vermelho, vermelho-alaranjado (como as chamas), âmbar
Símbolos	triângulo, relâmpago, chama, salamandra
Ferramentas	espada, adaga, panela de fogo, machado de duas cabeças
Plantas	manjericão, sangue de dragão, gengibre, laranja, tabaco
Pedras	rubi, granada, diamante, hematita (heliotrópio), sílex, pedra solar
Lugares	vulcões, fornos, lareiras, desertos
Zodíaco	Áries, Leão, Sagitário
Arcanjo	Miguel
Tempo	verão, meio-dia
Direção	Sul
Processos	paixão, raiva, impetuosidade, progressividade, valor

Magia do fogo

Magia na lareira

Itens necessários: um quadrado de papel vermelho e um pedaço de fita de papel amarelo para cada pessoa que estiver fazendo o encantamento, um pequeno frasco de óleo de heliotrópio e um pote de manjericão.

Esse simples encantamento é usado para tornar um desejo realidade e funciona melhor se for feito na véspera do Ano Novo. Também é um ótimo meio de terminar uma noite romântica ou uma reunião de amigos.

Acenda a lareira. Escreva o seu desejo no quadrado de papel vermelho. No centro do quadrado, coloque uma gota de óleo de heliotrópio e uma pitada de manjericão. Dobre o papel, fazendo um pacotinho, e prenda-o com a fita amarela.

Olhe para o fogo. Visualize o que quer. Formule o desejo em voz alta e jogue o papel no fogo. Enquanto as chamas consomem o pacotinho, entoe:

Fogo ardente, brilho incandescente
Torne meu desejo realidade esta noite.

Encantamento da amizade

Esse encantamento é feito para criar uma amizade ou fortalecer uma já existente. Use uma vela vermelha para representar você mesmo e uma rosa para representar seu amigo.

Na noite da lua cheia, escreva seu nome na vela vermelha e o nome do amigo na vela rosa. Coloque-as de frente uma para a outra sobre uma mesa, separadas uns 30cm.

Acenda sua vela e a do seu amigo, entoando os seguintes versos:

Como trepida e aumenta a chama da vela
Assim nossa amizade florescerá e crescerá.

Mentalmente, veja a si próprio e seu amigo juntos, partilhando momentos agradáveis e se divertindo. Quando a visão começar a esvanecer, apague as velas. Repita o processo todas as noites até a próxima lua cheia. Dessa vez, deixe a vela queimar por completo. O encantamento terminará, e sua amizade estará bem forte.

Incenso e fragrâncias do fogo

Pimenta-da-jamaica (dinheiro, sorte)

Use óleo de pimenta-da-jamaica para aumentar a sorte, principalmente em jogos. A pimenta-da-jamaica pode ser adicionada ao incenso para atrair dinheiro.

Manjericão *(amor, riqueza, proteção)*

Coloque manjericão na comida ou salpique ao redor da casa para atrair amor. Leve um pouco em uma bolsinha para atrair dinheiro e riqueza. Faça uma guirlanda de manjericão amarrada com fita vermelha e preta para proteção.

Cravo (a flor) *(força, cura)*

Use óleo de cravo para ganhar força física. Adicione-o à resina franco-incenso e queime, para proporcionar cura.

Franco-incenso *(espiritualidade)*

Queime óleo de franco-incenso para consagrar os lugares de rituais. Esfregue este óleo em velas que serão usadas no altar.

Galangal *(dinheiro, sensualidade, proteção, poder psíquico)*

Espalhe galangal em pó pelo chão para atrair boa sorte e dinheiro. Carregue consigo pedaços de galangal para atrair dinheiro. Ele também pode ser queimado como incenso para aumentar os poderes psíquicos e espalhado embaixo da cama para despertar sentimentos de sensualidade.

Heliotrópio *(desejos, dinheiro, cura)*

Use heliotrópio para atrair dinheiro. Queime incenso de heliotrópio para atrair dinheiro e realizar desejos.

Laranja *(adivinhação, amor, sorte, prosperidade)*

Misture casca de laranja seca, pétalas de rosa e botões de lavanda para fazer um sachê de atrair amor. Passe na testa óleo de laranja antes de tentar qualquer arte de adivinhação. Misture laranja e pimenta-da-jamaica e use para boa sorte.

Alecrim *(amor, sensualidade, cura, proteção)*

Queime alecrim e lavanda para proteção e cura. Coloque um ramo de alecrim debaixo do travesseiro da pessoa amada para ela sonhar com você. Esfregue óleo de alecrim em velas verdes para atrair amor e sensualidade.

G

Garrafa da Bruxa

A garrafa da Bruxa é frequentemente usada para proteger a casa e outras propriedades pessoais. É fácil de fazer e muito eficiente. Você só precisa de um pequeno pote de vidro com uma boa tampa. Encha o pote com pequenos pedaços de vidro quebrado, pregos, espinhos, palha de aço, vinagre, sal e um pouco de sua urina.

À meia-noite, quando a lua estiver minguando, coloque a garrafa e uma vela preta sobre seu altar. Acenda a vela e cubra completamente a tampa do pote com a cera derretida, formando um selo permanente. Em cima da tampa, inscreva um pentagrama na cera. Coloque as duas mãos sobre a garrafa e recite o seguinte encantamento:

Vela preta, nesta hora escura
Conceda-me o poder mágico
Para reverter o fluxo do mal lançado
E deixar toda tristeza no passado.

Deixe a vela queimar por completo. Enterre o pote perto de sua porta de entrada, como um escudo protetor. A garrafa da Bruxa deve ser recarregada a cada três meses para reter sua força.

Gelo

Como a água simboliza o movimento potencial, rápido e a habilidade para nutrir, por questão de lógica, o gelo também deve ter uma jurisdição simbólica. A água flui, promove o crescimento, responde às nossas necessidades e é um dos quatro elementos necessários para a sobrevivência. Com a magia, a água é usada para atrair amor, agilizar a cura e avançar as transições. O gelo, por outro lado, representa a estagnação do desenvolvimento e atrapalha o progresso. Em magia, o gelo é usado para desacelerar as coisas, atrapalhar ou impedir o movimento para frente.

Magia do gelo

Encantamento para congelar seu inimigo

Itens necessários: um receptáculo pequeno e opaco, um frasco de molho Tabasco e uma foto ou algo escrito à mão pela pessoa que você quer congelar.

Use este encantamento para parar ou impedir um adversário ou uma pessoa irritante, daquele tipo que não aceita "não" como resposta.

Coloque a foto ou o texto escrito no fundo do receptáculo. Salpique um pouco do molho por cima e encha o receptáculo com água. Coloque-o no *freezer*, entoando enfaticamente:

Fervendo e de repente congelando,
Seus poderes agora estão amarrados.

Encantamento de amor com areia e gelo

Se você sentir que a pessoa amada não corresponde aos seus anseios como deveria, use este encantamento para agilizar as coisas. Você precisará de um receptáculo chato, cheio de areia granulada (por favor, não use areia do "banheirinho" de gato!). Várias horas antes realizar o encantamento, congele uma rosa vermelha em um receptáculo cheio de água.

Comece o encantamento escrevendo o nome da pessoa amada na areia e desenhando os seguintes símbolos, nesta posição:

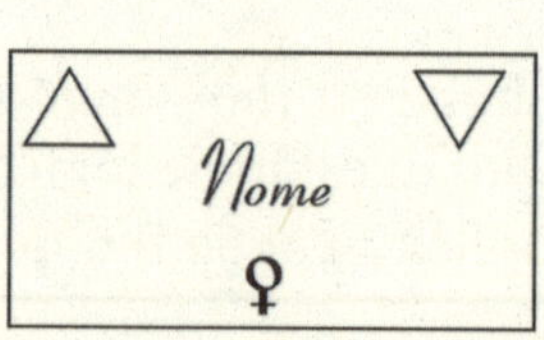

Pegue a rosa congelada e coloque-a no centro da areia, cobrindo o nome da pessoa. À medida que o gelo derreter, também derreterá o coração da pessoa amada por você. Guarde a rosa ao lado de sua cama como símbolo de amor eterno.

Glifo

Em bruxaria e magia, glifo é um termo usado para descrever um símbolo poderoso que representa uma pessoa, um lugar ou uma coisa. Quando o glifo é consagrado e/ou posto em ação, ele pode afastar ataques psíquicos, doenças e azar. A maioria dos glifos é uma combinação do nome do indivíduo e a data de seu nascimento. O glifo costuma ser inscrito sobre um pedaço de papel pergaminho com tinta especial e os símbolos astrológicos correspondentes. É usado para proteção pela pessoa para quem ele foi confeccionado.

Glifo de proteção pessoal

Para fazer um glifo de proteção, antes você precisa transcrever seu nome numericamente. Use a tabela abaixo para mudar as letras do nome em números.

Tabela de correspondência Letra/Número

1	2	3	4	5	6	7	8	9
A	B	C	D	E	F	G	H	I
J	K	L	M	N	O	P	Q	R
S	T	U	V	W	X	Y	Z	

Exemplo: S a n d y L a n e
1 1 5 4 7 3 1 5 5

Some os números = 32

Some os dois dígitos finais para obter um único dígito: 3 + 2 = 5

Para fazer o glifo, você precisará de um pequeno disco de metal, um marcador preto e uma bolsinha para colocar o disco quando tiver terminado o trabalho. Em um lado do disco, escreva o dígito final de seu nome. No outro lado, inscreva este símbolo:

Enquanto desenha o símbolo, visualize um escudo protetor ao seu redor, protegendo-o dos pensamentos negativos das outras pessoas. Sele o disco, desenhando um pentagrama no centro do símbolo. Coloque o disco na bolsinha e carregue-o com você, para proteção.

Gólem

Quase todos os magos conhecem a lenda do Gólem, uma figura feita de argila e madeira que adquiriu vida por meio de um processo descoberto pelo Rabino Yehuda Low. De acordo com a Cabala, o misticismo judaico, a fórmula para criar um Gólem foi encontrada no *Sefer Yetsirah*, uma teoria da criação derivada dos 10 primeiros números e das 22 letras do alfabeto hebraico.

Na versão original, o profeta Jeremias e seu filho Ben Sirah criaram um Gólem à imagem de um ser humano. A palavra *emeth* (verdade) foi talhada em sua testa, dando vida ao Gólem. Histórias posteriores descrevem o Gólem ganhando vida por meio de um pedaço de pergaminho sagrado no qual estava escrito o nome de Deus.

O tamanho, a forma e as características de um Gólem são determinados pelo indivíduo que o cria. Acredita-se que materiais orgânicos como argila, madeira e osso produzem os melhores resultados. Uma vez montado, o Gólem está pronto para ser animado por meio de um processo chamado escultura ritual, que geralmente acontece em um lugar de ritual devidamente consagrado.

Usando uma vela simples de cera e um incenso *sanctum regnum* (feito de franco-incenso, mirra e goma arábica), o Gólem é apresentado a cada um dos quatro quadrantes enquanto os arcanjos são evocados. No decorrer do processo, são feitos encantamentos especiais para infundir no Gólem a vontade do mago. Quando o ritual for concluído, a vela será apagada, e o mago passará várias horas visualizando o Gólem ganhando vida, forçando energia para dentro dele. Todo o processo pode levar dias ou até semanas.

Terminado, a psique do Gólem deve estar totalmente animada e pronta para fazer as vontades do mago. No começo, ele recebe tarefas simples, como proteger os pertences do mago. Com o passar do tempo, à medida que o Gólem cresce e se desenvolve também expandem suas tarefas. As recompensas devem vir na forma de elogios, presentes e energia psíquica oferecida pelo mago.

O Gólem é uma extensão da vontade e do poder do mago, como se fosse seu duplo etérico. Se o mago precisa de assistência para uma operação mágica, o Golém estará à disposição. O Gólem é o serviçal ideal, mas cuidado: assim como a maioria das atividades mágicas, existe o outro lado da moeda. Uma vez criado, o Gólem e seu criador se unem psiquicamente, e com o passar do tempo fica cada vez mais difícil (se não impossível) um existir sem o outro.

I

Incenso

Assim como a música, o incenso fala sem palavras à mente inconsciente. Ele desperta emoções, reavivando a memória de coisas, pessoas, eventos e lugares há muito esquecidos. Por causa de sua natureza evocativa, o incenso sempre teve uma função importante tanto na religião quanto na magia.

Sacerdotes e magos há muito acreditam que queimar incenso atrai forças espirituais superiores. O incenso tem a capacidade de comunicar diretamente ao reino dos deuses aquelas orações e pedidos formulados em meio à sua fumaça. Essas orações são abençoadas, e os desejos dos praticantes, concedidos.

Essencialmente, o incenso pode ser feito de qualquer substância, desde que tenha um aroma bom quando queimar. Alguns dos ingredientes mais tradicionais são cravo, canela, sândalo e resinas como franco-incenso e mirra. Essas substâncias aromáticas cheiram bem porque seus óleos essenciais são liberados quando aquecidos, emitindo uma fumaça perfumada. Os óleos fragrantes contidos nas ervas, especiarias e madeiras aqui apresentadas fazem delas fontes de incensos naturais que podem ser queimados sozinhos ou em combinação com outras substâncias.

Geralmente, o incenso vem em duas formas: combustível (cones, varetas e blocos) e não combustível (pó ou resina). O tipo mais simples para fazer é o não combustível, pois não exige mucilagem nem substância inflamável. Além disso, o incenso não combustível é menos complicado e frustrante de lidar.

ALECRIM (forte, medicinal)	amor, desejo e proteção
ANIS-ESTRELA (ardido)	poder psíquico e sorte
CASCA DE CÁSSIA (parecido com canela)	amor, proteção e poder psíquico
CRAVO (picante/ardido)	amor, proteção e dinheiro
EUCALIPTO (parecido com cânfora)	cura e proteção
FOLHAS DE LÍNGUA DE VEADO (doce/cheiro de madeira)	desejo e poder psíquico
FOLHAS DE MURTA (parecido com eucalipto)	amor, fertilidade e dinheiro
FLORES DE LAVANDA (perfume de flor)	amor, proteção e felicidade
FOLHAS DE PATCHOULI (parecido com almíscar)	amor, dinheiro e fertilidade
FOLHAS DE LOURO (suave)	proteção e purificação
PIMENTA-DA-JAMAICA (ardido)	dinheiro, sorte e cura
RAIZ DE LÍRIO FLORENTINO (parecido com violeta)	amor, desejo e atração
SÂNDALO (rico, misterioso)	proteção, realização de desejos e espiritualidade
TONKA (parecido com baunilha)	amor, sorte e atração

A base do incenso não combustível é talco e/ou serragem e/ou especiaria em pó. É bom acrescentar sal e pimenta para fazê-lo queimar. Em seguida, adiciona-se um óleo essencial poderoso para dar fragrância e uma tintura para colorir. O incenso então é queimado em um incensário ou em pequenos blocos de carvão de igreja.

Para criar seus incensos mágicos, comece com uma base (talco, ervas apropriadas ou resinas). Moa a mistura até fazer um pó; em seguida, acrescente algumas gotas de perfume ou óleo essencial. Misture bem para mesclar o óleo e o pó. Guarde o incenso em um pote de vidro com uma tampa firme e coloque um rótulo.

As fórmulas a seguir são para incenso não combustível. Você precisará de um moedor, de uma pequena tigela para misturar, de um conta-gotas, de medidores e potes de vidro com tampa. Moa todos os ingredientes até virarem pó, adicione o óleo e misture bem. Guarde nos potes.

Quando produzir os seus incensos, tente observar o ciclo lunar. Para amor e atração, trabalhe entre a lua nova e a cheia; para poder pessoal ou psíquico, use a lua cheia; e para proteção ou banimento, use a lua minguante.

Antes de começar a produzir qualquer substância mágica, pense por alguns momentos no que está fazendo e por quê. Quando misturar os ingredientes, imbua firmemente seu intento na mistura. Visualize seu desejo, verbalize-o, entoando ou falando, forçando o desejo na própria essência do incenso. Esse esforço extra de energia focalizada produz um incenso melhor e um trabalho mágico mais eficaz.

Receitas de incenso mágico

Incenso para atrair amor

1 parte de base de sândalo
1 parte de botões de lavanda
½ colher de chá de manjericão
½ parte de pó de raiz de lírio florentino
3 gotas de óleo de rosa
1 gota de óleo de lavanda
* cor: vermelha ou preta

Incenso para proteção

2 partes de base de talco
2 partes de patchouli
2 partes de sândalo
3 gotas de óleo de patchouli
3 gotas de óleo de sândalo
3 gotas de óleo de sálvia
* cor: preta

Incenso da lua cheia

2 partes de pó de raiz de lírio florentino

2 partes de botões de lavanda

2 partes de pó de mirra

2 partes de cálamo

3 gotas de óleo de jasmim

3 gotas de óleo de rosa

3 gotas de óleo de gardênia

* cor: depende da tinta em pó

Incenso para atrair dinheiro

2 partes de base de talco

1 parte de flocos de cássia

1 parte de pimenta-da-jamaica amassada

1 parte de franco-incenso

1 parte de pétalas de malmequer

3 gotas de óleo de franco-incenso

2 gotas de óleo de cravo

* cor: verde

J

Joias

Em magia, joias e pedras preciosas são associadas às verdades espirituais por causa de seus atributos naturais como talismãs. Assim como todas as substâncias naturais, as pedras preciosas contêm energia ou força vital próprias. A cor, a forma e o tamanho da pedra determinam seu valor mágico. Por exemplo: por causa da cor vermelha e de sua ligação com o fogo e o planeta Marte, o rubi projeta energia, força e poder. Serve, portanto, como um perfeito talismã para levantar o astral de uma pessoa sofrendo de baixa autoestima.

Propriedades das joias e pedras preciosas

Água marinha: Pertence à deusa do oceano. Tem uma cor azul-clara e é usada para fortalecer os poderes psíquicos. Essa pedra também é usada para cura, purificação e para atrair amor e felicidade.

Âmbar: Não é exatamente uma pedra preciosa, mas é muito estimado por Bruxos e magos. O âmbar é uma resina fossilizada bastante utilizada pelos antigos por causa de sua bela cor dourada, com tons de mel. O âmbar representa os raios congelados do poente e é usado para dar força, proteção, beleza e amor.

Ametista: Um vibrante quartzo roxo, considerado de natureza altamente espiritual. A ametista é valorizada há milhares de anos como instrumento de magia. Ela ajuda a clarear confusões, auxilia nos sonhos proféticos e protege contra a autoilusão. Sem qualidades negativas, a ametista é tranquilizante e eleva o espírito.

Azeviche: Não é uma pedra, e sim uma madeira fossilizada, com milhões de anos. Negras como a meia-noite, as contas de azeviche geralmente combinam com as de âmbar para proteção, poder psíquico, boa sorte e saúde.

Cornalina: De cor quente, vermelho-laranja, macia ao toque. A pedra é usada para coragem e controle do ciúme e da inveja. Acredita-se que a cornalina impede certas doenças de pele, o que a tornou bastante popular como pedra curativa. Também pode ser usada para captar energia sexual.

Cristal de quartzo: Considerada a pedra-mor do poder. É associada tanto ao fogo (por causa de sua habilidade para focar os raios do sol e queimar material combustível) quanto à água (porque se parece com gelo). As Bruxas usam os cristais para representar a Deusa, a lua e o poder psíquico. Os cristais podem ser usados para decorar ferramentas mágicas, criar barreiras de proteção e focar e direcionar poder pessoal.

Diamante: Pedra altamente valorizada, de grande transparência e brilho. Os diamantes são associados ao sol, ao elemento fogo e à capacidade de ressoar energia. São excepcionalmente duros, resilientes e caros. Os xamãs usam diamantes para ajudá-los a alcançar estados alterados de consciência e maior percepção espiritual. O diamante pode ser usado para proteção, coragem, riqueza, paz, energia sexual, iluminação espiritual, saúde e força.

Esmeralda: Esta pedra escura e brilhante é uma das mais caras no mercado. É associada à deusa Vênus e ao elemento terra. A esmeralda é usada em encantamentos que proporcionam ganho monetário, incentivam o amor e ajudam a aumentar os poderes mentais.

Granada: Gema de tom vermelho-fogo de incrível profundidade, usada para proporcionar fidelidade e renovar amizades. A granada é associada a Marte e à habilidade para proteger.

É reconhecida por aumentar a força física e a virilidade. Use a granada para proteção, cura, força, amizade e amor.

Jade: Considerada uma pedra sagrada na China, onde é colocada em altares do sol e da lua. O jade também é associado a Vênus e usado para atrair amor e casamento. De cor verde, pode ser usado para amor, cura, longevidade e sabedoria.

Lápis-lazúli: Altamente valorizada pelos antigos egípcios por sua cor azul real e manchas de pirita dourada. É associada à deusa Ísis, a Vênus e a Ishtar. Esta pedra traz alegria, amor, amizade e coragem e ajuda a proteger contra a infidelidade.

Opala: Gema singular que contém todas as cores do arco-íris. A opala pode ser usada para quase todos os fins por causa de sua cor laranja. Antigos mitos descrevem o uso de opalas envoltas em folhas de louro e usadas para proporcionar a invisibilidade. Elas também são usadas para ajudar na projeção astral, atrair boa sorte, dinheiro e saúde e transmitir beleza e poder.

Rodocrosita: Bela pedra rosa que emite uma adorável e calorosa vibração. A rodocrosita é usada para aumentar a beleza, criar amizades e atrair amor. Também pode ser usada para reduzir estresse e fadiga.

Rubi: Há muito considerado a pedra de Buda; varia em cor, do rosa ao vermelho-escuro. O rubi é associado a Marte e ao elemento fogo e é altamente valorizado por sua cor. Os rubis são usados para proteção, poder pessoal, alegria, atração, riqueza e espiritualidade.

Safira: Considerada pelos magos uma pedra muito poderosa e espiritual. É associada ao deus Apolo e geralmente é usada para estimular o terceiro olho. Atrai amor, traz visões durante a meditação e aumenta a atividade espiritual.

Topázio: Associado ao sol, ao fogo e ao deus egípcio Rá. O topázio amarelo é usado para proteção, cura ou atrair dinheiro e grandes riquezas. O topázio azul eleva a percepção espiritual e traz paz, harmonia e amor.

Turquesa: Altamente valorizada por muitas tribos indígenas norte-americanas por sua beleza e pelas qualidades curativas. Sua cor azul-esverdeada é associada à deusa Vênus, ao elemento terra e ao Grande Espírito. A turquesa é usada para cura, coragem, dinheiro, proteção e amizade e dizem que proporciona boa sorte ao portador.

Pedra da lua: De tom azul opalescente ou feldspato branco. A pedra da lua é associada à grande Deusa e ao poder lunar. É usada para amor, adivinhação, proteção, juventude e cura. A maioria das Bruxas valoriza a pedra da lua acima de todas as outras por causa de sua ligação com a grande Deusa.

Magia das joias e pedras

Encantamento para confiança e coragem

Itens necessários: um pingente com opala e uma vela vermelha.

Use este encantamento sempre que você precisar de autoconfiança, autoestima ou coragem para lidar com uma situação difícil.

Relaxe e esqueça-se de seus medos e tensões. Respire fundo várias vezes e, então, acenda a vela. Pegue o pingente com a opala, segure-o bem e sinta o poder emanando das profundezas reluzentes da pedra — onde convergem todas as cores do arco-íris. Respire fundo várias vezes novamente e sinta o poder da opala fluir até suas mãos e circular por todo o seu corpo. Visualize força e coragem renovadas. Segure a opala perto da chama da vela, entoando:

Forças cósmicas, acima e abaixo,
Venham ao meu auxílio e ajudem-me a saber,
A encontrar, buscar, olhar para dentro,
Superar inseguranças que se alojam.
Peço-lhes que agora entrem em meus sonhos
E realizem meus desejos de autoestima.
Que eu agora tenha coragem em tudo o que fizer.
Deixe meu poder pessoal agora brilhar.

Focalize toda a sua atenção na opala e na chama da vela. Repita o encantamento mais duas vezes. Enquanto faz isso, sinta seu poder pessoal crescer e se fortalecer. Visualize a si próprio como uma pessoa corajosa e determinada. Quando sentir que está na hora, apague a vela e coloque no pescoço o pingente com a opala. Para coragem, força e poder, você pode usar também ametista, diamante e lápis-lazúli.

L

Lamparina

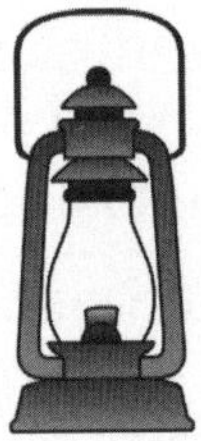

A lamparina e a lanterna são representações simbólicas da vida, da luz da divindade, da imortalidade, do intelecto, da orientação e das transições da vida. Acender ou apagar uma lamparina significa o nascimento ou a morte de alguém. Como a lamparina traz luz à escuridão, ela corresponde à verdade e à sabedoria.

A lamparina de cerâmica ou barro é um símbolo de humanitarismo. O óleo na lamparina contém a energia de fazê-la funcionar. Estando acesa, seu espírito nasce das chamas. As lamparinas aparecem em mitos e lendas e têm seu lugar também na arte da adivinhação. O nono enigma do tarô é o eremita, segurando sua lanterna para orientar o tolo ou o louco em sua jornada. A promessa da luz restaura a autoconfiança e ajuda a manter o bom julgamento.

Magia da lamparina

A lamparina tem quatro partes distintas. A base corresponde ao elemento terra e é a fundação sobre a qual você deverá estruturar seu trabalho mágico. O globo representa o elemento ar e é um reflexo de suas intenções. O pavio, queimando, torna-se o elemento fogo e é um símbolo de sua energia, motivação e poder. O óleo é equivalente ao elemento água e o fluido que sustenta a sua motivação.

O primeiro passo na magia da lamparina é pintar ou decorar a base com cores e símbolos que reflitam o seu desejo. Por exemplo: se você quer fazer um encantamento para atrair amor, experimente pintar a base de vermelho, com corações cor-de-rosa e brancos, e acrescente uma fita com desenhos de coração.

O globo é o veículo ideal para a expressão mágica. Usando tinta de vidro, escreva o nome da pessoa desejada em vermelho e o seu nome em rosa. Preencha os espaços vazios com corações e flores. O óleo é o que dá poder ou vida ao pavio; é a fonte de energia e poder que fará manifestar o seu desejo. Para o amor, você pode misturar algumas gotas de óleo de rosa com óleo para lamparina vermelho, reforçando o seu intento.

Cores de óleo para lamparina

Vermelho	amor, paixão, desejo, força e coragem
Amarelo	comunicação, atração e persuasão
Verde	dinheiro, sorte, saúde, metas, amor e casamento
Azul	criatividade, paz, sabedoria e habilidade psíquica
Roxo	poder e ambição
Transparente	universal, pode ser usado para todos os trabalhos em geral

Encantamento para reanimar uma amizade

Itens necessários: lamparina com base de tom dourado ou de latão, óleo para lamparina amarelo, fita amarela, tinta de vidro amarela.

No fundo da lamparina, escreva o nome de seu amigo e o seu e desenhe este emblema:

Encha a lamparina com óleo amarelo, adicione três gotas de óleo de limão e espere várias horas, até o pavio absorver o óleo.

Pinte vários girassóis amarelos e grandes no globo e em seguida amarre a fita amarela ao redor da base da lamparina. Entoe os seguintes versos enquanto acende a lamparina:

Esta chama brilhará dia e noite
Você olhará e verá sua luz.
Ela o guiará de volta à minha vida
E para sempre banirá toda raiva e desavença.

Deixe a lamparina queimar por três horas. Nesse tempo, chame seu amigo e convide-o para jantar. Uma hora antes do horário combinado para ele chegar, acenda a lamparina e repita o encantamento. Coloque a lamparina na sala onde planeja passar a noite em companhia de seu amigo.

Livro das Sombras

O *Livro das Sombras*, frequentemente chamado de *grimoire* ou *livro negro*, é um diário pessoal em que os Bruxos e Bruxas modernos escrevem suas invocações, rituais e encantamentos. O nome vem de um passado distante, quando os diários mágicos eram escritos à pena, secretamente, ocultos sob o véu da noite, contendo mistérios do sombrio "outro mundo". Como as páginas do livro eram cheias de fórmulas e encantamentos estranhos, as pessoas acreditavam que se você possuísse um Livro das Sombras tinha a chave que libertaria os segredos do Universo.

Um Livro das Sombras, como qualquer diário, é uma coletânea de pensamentos e relatos pessoais. Ele contém também informações sobre como secar ervas, observar transições lunares, além de instruções para lançar encantamentos para atrair amor, dinheiro e boa saúde. A maior parte dele é um acúmulo de práticas mágicas que o dono do diário considera úteis e não quer esquecer.

Para a maioria dos Bruxos e Bruxas, o Livro das Sombras é indispensável. Ele contém todas as suas receitas mágicas. Da mesma forma que um livro de receitas ajuda a criar uma refeição perfeita, um Livro das Sombras ajuda a criar o encantamento perfeito. Registrando todas as suas atividades mágicas, um Bruxo é capaz de acompanhar o próprio progresso e criar uma tradição duradoura que pode ser legada a outros.

Abençoar o livro

É costume dos Bruxos e Bruxas abençoar ou consagrar o Livro das Sombras antes de usá-lo. É um processo simples e não requer nada mais que uma vela, uma caneta e uma vareta de ervas (um pacotinho de ervas secas, presas com cordão, geralmente feito com lavanda, sálvia e erva-doce).

Na noite da lua cheia, coloque o livro, a caneta e a vareta de ervas sobre o altar ou uma mesa pequena. Acenda a vela e recite a seguinte invocação para o livro:

Por força, por vontade, por poder potente,
Os espíritos eu invoco nesta hora de ritual,
Para dotar este livro de sabedoria,
Para lançar o perfeito rito e encantamento.

Abra o livro e, na primeira página, desenhe um pentagrama com a caneta. No centro do pentagrama, escreva seu nome (ou nome mágico, se tiver).

Feche o livro e acenda a vareta de ervas. Quando começar a queimar, passe o livro pela fumaça purificadora, dizendo:

Todos os pensamentos negativos são banidos,
Todas as vibrações indesejáveis desaparecem,
Somente as forças e poderes que desejo
Estarão aqui a partir deste momento.

Apague a vela e a vareta. Enrole o livro em seda preta e guarde-o em um lugar seguro. Você pode expor suas ideias, mas não é bom deixar que outras pessoas leiam ou manuseiem seu livro. Em termos de bruxaria, é melhor você só seguir os próprios conselhos.

Lua

Como o sol, a lua nasce a Leste e se põe a Oeste. Diferente do sol, porém, seu tamanho e forma mudam continuamente, pelo menos a partir do campo de visão terrestre. Em um mês lunar há quatro ciclos de aproximadamente sete dias. As fases da lua incluem a lua escura (também chamada de nova). Ela aumenta até um quarto de visibilidade, como meia-lua. À medida que seu tamanho aparente vai aumentando, suas pontas se fecham e formam um círculo completo, conhecido como lua cheia. Então, ela começa a diminuir até chegar ao último quarto de visibilidade. A partir daí, continua a diminuir até voltar à fase de lua nova.

Escura (nova) Um quarto crescente Cheia Um quarto minguante

É aconselhável coordenar seus ritos mágicos com a fase apropriada da lua, pois assim você aproveita o poder lunar, fica em sintonia com o ritmo natural do Universo e combina sua energia com a da natureza. Quanto mais circunstâncias você puder alinhar na prática da magia, melhores serão os resultados.

Use a fase da lua crescente para iniciar novos projetos, fazer amizades, reacender um romance e criar novas oportunidades de negócios. Na lua cheia, acalente e reafirme as intenções, focalize energia em projetos estabelecidos na fase da lua nova e trabalhe para criar sucesso e abundância.

Na lua escura, ou na fase minguante, aproveite o tempo para refletir sobre metas e ambições, abandonar hábitos e padrões indesejáveis e desfazer influências negativas de outras pessoas.

Magia da lua

Rito da lua cheia para abençoar

Itens necessários: tigela de vidro transparente, uma garrafa de um litro de água mineral, tinta prateada, um ramo de jasmim, pedra da lua, duas velas de altar brancas, incenso e óleo de gardênia, um pequeno pincel e as ferramentas usuais para o altar.

Use a tinta prateada para inscrever o seguinte símbolo no fundo externo da tigela de vidro:

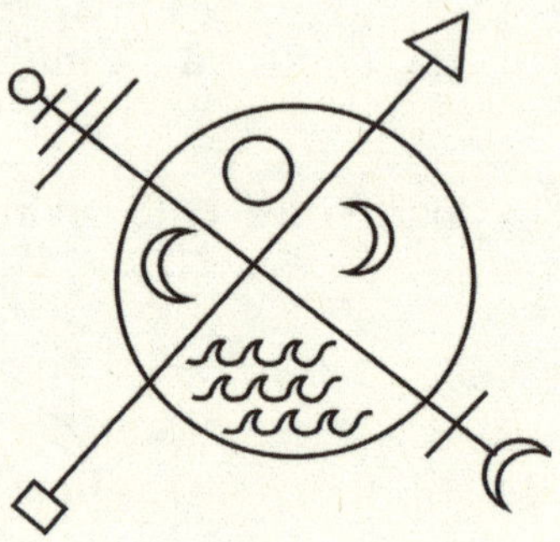

Monte o altar, de modo que a luz da lua cheia incida diretamente sobre ele. Encha a tigela com água mineral. Coloque a tigela e todos os outros itens sobre o altar. Lance o círculo mágico e acenda as velas, dizendo:

Senhora, eu agora te convido aqui
Como mãe da Terra sagrada,
Cujo poder transcende qualquer comparação
Quando nascem os sonhos.

Segure a pedra da lua e o ramo de jasmim, oferecendo-os, e peça esta bênção:

Senhora do desejo, reflexo de luz
És minha noção, direção e segunda visão.
Mãe da criação, fonte original,
És potencial, poder e força suprema.
Avó do tempo, sábia das alturas,
Eu te convoco aqui, com honra e amor.

Coloque delicadamente a pedra da lua e o ramo de jasmim na água. Pegue a tigela e segure-a como oferenda, dizendo:

Chamo a brilhante estrela da noite,
A virgem da luz celestial.

A graciosa deusa de longe,
Grande mãe da segunda visão.

Gloriosa rainha da hora do crepúsculo
Sábia e vigilante protetora,
Tu, cujo poder silencioso
É real e de total esplendor.

Eu te invoco para que agora desças
Grande mistério por trás do véu
Ela que nasce e renasce
A mantenedora do graal.

Coloque a tigela de volta sobre o altar. Molhe a testa com uma gota de água. Apague as velas, quebre o círculo e, com cuidado, coloque a tigela em uma janela onde a lua continue a brilhar sobre ela. Pouco antes do nascer do sol, remova o jasmim e a pedra. Despeje o conteúdo da tigela em uma garrafa com tampa e feche-a bem apertado. Guarde a pedra da lua com suas outras ferramentas mágicas. Leve o jasmim ao rio ou lago mais próximo, jogue-o na água e faça um desejo. Use a água da lua para abençoar e consagrar seu círculo ou no lugar de óleo para ungir velas e outros objetos mágicos.

Encantamento da lua crescente para dinheiro

Itens necessários: uma vela prateada, uma colher de chá de pimenta-da-jamaica moída, óleo de amêndoa.

Na noite da lua crescente, inscreva na vela prateada a quantidade exata do dinheiro que você precisa. Esfregue na vela óleo de amêndoa e entoe:

Como a lua cresce
Para mim flui o dinheiro.

Quando sentir que a vela está totalmente carregada com o seu desejo, role-a sobre a pimenta-da-jamaica moída e acenda-a. Deixe a vela queimar por uma hora e, então, apague-a. Repita este encantamento todas as noites, à mesma hora, até a virada da lua cheia. Na noite da lua cheia deixe a vela queimar por completo.

Encantamento da lua cheia para amor

Itens necessários: uma vela vermelha e uma branca; uma colher de chá de ginseng, jasmim e levístico, cada; três gotas de óleo de rosa, lavanda e violeta, cada; um pequeno prato branco; um pedaço de papel de pergaminho; um pedaço de 20cm de fita vermelha.

No dia da lua cheia, derreta a vela vermelha em uma caldeira dupla. Quando a cera tiver derretido, adicione e misture as ervas e os óleos. Remova a panela do fogão e mexa a cera, enquanto ela começa a esfriar. Entoe os seguintes versos para a cera:

Mãe da lua, deusa do amor;
Desce até mim das alturas.
Dentro dessa cera, paixão inspira
Para que eu tenha aquele/a que desejo.

Quando a cera tiver esfriado, mas não se solidificado, mergulhe nela a vela branca para que a mistura de ervas a revista totalmente. Deixe a vela secar.

Agora, sob o brilho da lua cheia, inscreva seu nome num dos lados da vela e o nome da pessoa desejada no lado oposto. Segure a vela à altura do coração, repetindo a entoação acima. Deixe a vela impregnada com o seu amor e desejo. Quando sentir que ela está totalmente carregada, acenda-a. Visualize a si próprio e a pessoa amada juntos. Deixe a vela queimar por completo.

Fetiche da lua minguante para proteção

Itens necessários: uma colher de chá de patchouli, sândalo e cravo, cada; braseiro para incenso; carvão autoinflamável; uma pequena pedra branca com o seguinte emblema de proteção:

Quando a lua não estiver mais visível, coloque um pedaço de carvão no braseiro e acenda. Misture as ervas e salpique-as sobre o carvão. Quando a mistura começar a queimar, passe a pedra através da fumaça, entoando:

Dentro desta pedra
Eu passo minha dificuldade,
Banida para sempre
A partir desta noite.

Leve a pedra até o curso d'água corrente mais próximo. Jogue-a na água e vá embora.

M

Mandrágora (*mandrake*)

Com uma forma que lembra um ser humano, a mandrágora (*mandrake*) é uma planta que sempre foi associada à bruxaria. É altamente tóxica e produz um efeito narcotizante se for ingerida — algo que eu não recomendo! O importante na hora de escolher uma mandrágora é encontrar uma na forma do sexo oposto ao da pessoa para quem você quer lançar o encantamento e começar imediatamente a esculpir em sua raiz um formato humano.

Há dois gêneros de plantas tradicionalmente classificadas como mandrágora: a *mandragora officinalis*, membro da família dos tomates (que inclui a mortal sombra-da-noite e a maçã do diabo) e a briônia branca inglesa (*bryonia dioica*), parente do pepino e da abóbora. Ambas podem ser usadas em encantamentos, mas com muito cuidado, pois são extremamente venenosas.

As lendas dizem que a mandrágora deve ser colhida na noite de lua cheia, o mais próximo possível do Equinócio da Primavera. A planta deve ser extraída da terra com extremo cuidado. Uma pequena seção precisa ser cortada e replantada no local de onde foi tirada. Em seguida, a mandrágora é cuidadosamente esculpida em formato humano e replantada num cemitério de uma igreja ou em uma encruzilhada. A cada noite, durante um mês lunar, ela deve ser regada com uma mistura de água destilada, leite e uma gota de seu sangue.

Ao término do mês lunar, remova a mandrágora do solo. Se cuidou dela devidamente, a casca terá cicatrizado e assumido um formato humano. Para completar o processo, você precisará secar a planta. Para isso, coloque-a sobre uma bandeja de folhas de verbena em um forno quente ou passe-a através da fumaça do incenso de folhas de verbena. (Observe, porém, que o último método leva meses para se completar, pois a raiz seca bem devagar.) Vista a mandrágora de musselina sem alvejante e coloque-a perto da lareira ou na sala que você usa com mais frequência. Ela lhe trará saúde, riqueza e felicidade.

Metal

Desde que Vulcano, filho de Júpiter, criava relâmpagos em sua fornalha subterrânea, o poder da magia do metal tem sido um segredo muito bem guardado. Na alquimia ocidental, acreditava-se que os metais encontrados na terra eram influenciados por seus correspondentes governantes planetários. Cada metal recebia o nome de um planeta, imbuído dos atributos deste e incorporado à vida diária pelos dias da semana. Usando o metal correspondente, um indivíduo seria capaz de controlar as forças que prevaleciam todos os dias.

Qualidades planetárias dos metais

Ouro: Metal do sol, o ouro governa o domingo e é associado à força, ao poder, ao sucesso, à realização, à riqueza e à energia masculina.

Prata: Metal da lua, a prata governa a segunda-feira e é associada à mística feminina, à intuição, à sabedoria instintiva, à compreensão espiritual e psíquica, à fertilidade e à magia.

Ferro: Metal de Marte, o ferro governa a terça-feira e é associado à guerra e à agressão. Também se opõe à injustiça e exsuda energia e poder masculinos.

Mercúrio: O metal de Mercúrio governa a quarta-feira e é associado à comunicação, ao comércio, à venda da autoimagem e à capacidade de ser ouvido. Possui o poder da influência.

Estanho: O metal de Júpiter, o estanho governa a quinta-feira e é associado à sabedoria, ao idealismo, à expansão e à ambição. É bom para problemas legais com a carreira profissional e é uma força masculina.

Cobre: O metal de Vênus governa a sexta-feira e as questões do coração, do amor, das emoções, do desejo, do sexo e da fertilidade. É bom para os relacionamentos e para a saúde e é uma força totalmente feminina.

Chumbo: Metal de Saturno, o chumbo governa o sábado e é associado a mudanças, transições, formação através de restrições e aprendizado através de tentativa e erro. Tem relação com a primeira lei do karma: limitação.

Magia do metal

Magia do ouro para dinheiro

Itens necessários: limalhas ou pepitas de ouro, um prato pequeno, pétalas de girassol e 10 moedas.

Coloque o prato na luz do sol. Focalize a atenção nele. Visualize o prato enchendo de dinheiro, transbordando como uma cascata de ouro. Veja em sua mente ouro, moedas e dinheiro enchendo a sala onde está o prato. Todos os dias, coloque uma nova moeda no prato. Com o tempo, você começará a ter ideias para ganhar dinheiro. Sempre que acrescentar uma moeda ao prato, sua vontade de gerar riqueza aumentará e, assim, aumentarão também seu sucesso e prosperidade.

Fetiche de cobre para o amor

Itens necessários: sete moedas de cobre, um bracelete de cobre, uma vela verde e uma bolsinha de veludo verde.

Comece na noite de lua nova. Coloque todos os itens sobre o seu altar. Lance o círculo mágico e acenda a vela, dizendo:

Poder de Vênus nesta noite
Realize minha vontade à luz de vela
Traga-me aquele/a que vejo
Este é o meu desejo, e que assim seja.

Coloque o bracelete de cobre na bolsinha verde. Pegue uma moeda de cobre, beije-a e diga:

Brilhante, reluzente ser de amor,
Desça até mim das alturas.
Sirva-me e realize minha vontade,
Com grande paixão cumpra meu amor.
Ao meu lado sempre forte,
Pois isto é o que eu desejo e por isto anseio.

Coloque a moeda na bolsinha com o bracelete. Ponha a bolsa ao lado da vela. Deixe-a queimar por uma hora. Apague a vela e corte uma porta em seu círculo, mas não perturbe o arranjo no altar. Repita o encantamento seis noites consecutivas. Na última noite, deixe a vela queimar por completo. Modele um coração com a cera que sobrou da vela e coloque nele todas as moedas. Ponha o coração num lugar seguro. No dia seguinte, presenteie a pessoa amada com o bracelete, e ela será sua para sempre.

Ritual do ferro para proteção

Itens necessários: oito pedaços de ferro ou pregos de ferro, uma vela preta, um prato de sal e incenso para proteção.

Coloque a vela no chão, perto da porta de entrada. Circunde a vela com os pedaços de ferro e, em volta deles, faça um círculo de sal. Coloque o prato de sal do lado de fora do círculo, a Oeste da vela. Acenda o incenso e ande pela casa com ele, dizendo:

Que aquilo que for indesejável desapareça
E nunca retorne, a partir deste momento.

Volte ao círculo e acenda a vela preta, dizendo:

Na chama, no fogo,
Queima tudo o que eu não desejo.
Na purificação pela terra e pelo sal
Que agora acabem as energias do mal.

Deixe queimar a vela e o incenso. Espalhe os pedaços de ferro ou pregos em volta do perímetro de sua casa ou apartamento.

Mil-folhas (erva-do-carpinteiro)

A mil-folhas cresce com um talo reto e angular, produzindo folhas verdes e cinzentas, finamente divididas. Às vezes chamada de "brinquedo do homem mau", a mil-folhas costumava ser o principal ingrediente nos encantamentos de amor dos séculos XVII e XVIII. Ainda hoje, o caule da erva é usado por videntes chineses como auxílio à consulta do I Ching.

Encantamento da mil-folhas

Para sonhar com a pessoa que você amará e com quem se casará, apanhe de um cemitério ao lado de uma igreja um caule de mil-folhas na noite de lua cheia, dizendo:

Mil-folhas, doce mil-folhas que encontrei,
Com amor, eu te colho do solo.
Como um homem leva uma mulher, doce e querida
Em meus sonhos esta noite, deixe-me ver meu verdadeiro amor.

Coloque o caule da mil-folhas debaixo de seu travesseiro e você sonhará com a pessoa com quem vai se casar.

N

Nó

O nó é um símbolo de ligação, vínculo ou conexão com poderes protetores. Os egípcios usavam o nó para simbolizar vida e imortalidade. O nó de Ísis, que parece um *ankh* com seus braços dos dois lados, era muito usado como amuleto para amarrar e liberar. Representava a capacidade de refrear o poder da magia até estar pronto para ser liberado.

Em magia e bruxaria, o nó é usado em conjunção com a Lei da Mímica e a Lei da Espiritualidade, às vezes chamadas de magia da homeopatia ou da imitação. Essas leis basicamente afirmam que semelhantes produzem semelhantes ou que um efeito se assemelha à sua causa. Em palavras mais simples, aquilo que você fizer à representação simbólica de uma pessoa, coisa ou lugar (como uma boneca de Vudu) afetará diretamente a referida pessoa, coisa ou lugar.

Segundo essa crença, se você conjurar uma inteligência etérea boa num ritual de cura ou proteção e, em seguida, dar um nó em um cordão ao redor da imagem da pessoa ou objeto sob tratamento, o ajudante do mundo etéreo ficará perto do alvo de proteção. Esse mesmo princípio é usado na magia dos nós para amarrar uma energia ou força a um indivíduo em necessidade ou para desamarrar e liberar alguém de um mal ou de uma situação ruim.

Magia do nó

A magia do nó, às vezes chamada de magia do cordão, conta basicamente com os poderes de concentração e visualização. O cordão e os nós são pontos focais que ligam a forma-pensamento ao indivíduo ou à situação, amarrando-os ou segurando-os em posição. Essa forma de magia é usada para impedir alguém de prejudicar a si próprio ou aos outros, suspender uma situação até que possa ser lidada no plano material ou amarrar duas pessoas com o propósito de amor e casamento. Como em toda magia, o instrumento do ato é neutro, deixando as ramificações e o resultado sob a responsabilidade do indivíduo que realiza o trabalho.

Encantamento de amarração com os nós de amor

Itens necessários: um fio longo de cordão vermelho, fotos sua e da pessoa desejada, duas velas vermelhas e uma bolsinha de pano vermelho em que caibam as fotos amarradas.

Este encantamento funciona melhor quando duas pessoas já estão apaixonadas. Não é recomendável para amarrar alguém contra a vontade, principalmente no caso de separação ou divórcio.

Coloque todos os itens sobre o seu altar. Respire fundo várias vezes, pegue a foto da pessoa amada e olhe diretamente para ela. Visualize a pessoa dando-lhe amor e atenção. Acenda uma vela e diga:

Com chama e fogo
Eu crio desejo.
Faço este encantamento
E gero paixão.

Respire fundo novamente, várias vezes, acenda a outra vela e repita:

Com chama e fogo
Eu crio desejo.
Faço este encantamento
E gero paixão.

Pegue as fotos e exponha uma à outra. Segure-as perto do coração e visualize o romance, sinta a paixão entre você e o ser amado. Coloque as fotos entre as duas velas. Pegue o cordão e faça sete nós, igualmente espaçados entre si. A cada nó que fizer, entoe:

Pelo poder da terra e do céu
Venha para mim, venha para mim ao sétimo nó.

Pegue as fotos novamente, deixando-as sempre expostas uma à outra, e amarre-as com o cordão. Enquanto faz isso, entoe com grande emoção:

Com nó e cordão, seu amor e o meu
De coração para coração, eu amarro com firmeza.

Coloque as fotos amarradas de volta no altar, entre as velas. Quando as duas velas tiverem queimado completamente, coloque com amor as duas fotos na bolsinha vermelha. Guarde-a com você durante o dia e debaixo do travesseiro à noite.

Encantamento de amarração para proteger

Itens necessários: foto da pessoa a ser amarrada, uma vela preta, um pedaço longo de cordão preto e uma caixa cheia de terra.

Se sentir que determinada pessoa está querendo prejudicar você ou os outros, este encantamento simples deverá detê-la.

Na noite da lua minguante, apanhe todos os itens necessários. Coloque-os sobre o altar. Ao soar da meia-noite, comece o encantamento.

Acenda a vela e visualize o alvo do encantamento, entoando:

Negro como a noite, nesta hora escura
Eu tenho o direito, eu tenho o poder.

Pegue o cordão preto e faça nove nós, igualmente espaçados entre si, entoando:

Eu te amarro, impedindo-te de fazer mal,
O teu mal agora eu desarmo.
Preso/a por nó e cordão, tu ficarás
Até que te afastes de fazer mal.

Amarre o cordão com os nós em volta da foto. Coloque a foto amarrada na caixa e cubra com terra. Apague a vela preta. Enterre a caixa em um lugar seguro. Quando o indivíduo cuja imagem descansa na caixa parar de prejudicar você ou os outros, pode tirar a foto da caixa e desamarrar.

Numerologia

A numerologia é provavelmente uma das formas mais antigas de adivinhação. Os antigos egípcios e babilônios tinham teorias sobre o significado oculto dos números. Na Idade Média, os números eram particularmente importantes para os cabalistas, cujo sistema místico era baseado em um sistema numérico, chamado gematria, e nas 22 letras do alfabeto hebraico.

Foi o matemático e filósofo grego Pitágoras que criou o maior impacto na teoria numérica. Ele acreditava que todo o Universo era ordenado matematicamente e que tudo nele podia ser expressado em termos de números. Pitátogras considerava os números as chaves do Universo.

A base da numerologia é a crença de que os números de um a nove exercem influência em nossas vidas e personalidades. Por isso mesmo, cada letra do alfabeto recebe um valor numérico de um a nove. Quando o nome de uma pessoa é soletrado, os valores numéricos podem ser vistos e reduzidos a um único dígito. O estudo dos números no nome de um indivíduo revela inclinações para o amor, saúde, vocação e espiritualidade. Embora a numerologia baseie-se em configurações astronômicas para construir perfis pessoais, ela é muito mais fácil de aprender que a astrologia.

Números e seus significados

Um: O número *um* significa tudo o que é forte, individual e criativo. As pessoas deste número possuem um impulso inabalável para o sucesso. São poderosas, positivas, autoconfiantes e determinadas; na maioria das vezes, ambiciosas e agressivas.

Esses indivíduos têm excelentes poderes de concentração e boa memória, sendo líderes natos e inventores.

Como costumam ser independentes, às vezes trabalham melhor sem companhia. Porém, um indivíduo número um pode ser bastante obstinado, recusando-se a ouvir ou seguir conselhos de subordinados. Incansáveis, os "número um" têm tendência a dominar os outros, beirando à tirania. Se não controlarem o ego, podem se tornar cegamente egoístas.

Dois: As pessoas de número *dois* são gentis, passivas e artísticas, de natureza tranquila e amistosa. São calmos amantes da paz e da harmonia, organizados e modestos. O indivíduo de número dois é antes um seguidor que um líder, e quando consegue o que quer geralmente é devido à persuasão e diplomacia.

O número dois costuma compreender os dois lados de uma situação e às vezes tem dificuldade para se decidir. Costuma mudar de ideia com frequência e adiar as coisas. O bom senso deste número, que geralmente lhe facilita dar conselhos aos amigos, frequentemente o impede de tomar as próprias decisões. Porém, com os amigos e associados certos, o indivíduo de número dois vai longe.

Três: As pessoas de número *três* são brilhantes, imaginativas, versáteis e energéticas. Parecem irradiar luz e alegria. Costumam expressar suas ideias abertamente e com grande entusiasmo. Possuem mente intuitiva e perspicaz e aprendem muito rápido. Entretanto, as pessoas deste número têm tendência a assumir encargos demais, espalhar sua energia em muitas direções ao mesmo tempo e não terminar o que começam.

Espertas, vivas e encantadoras, as pessoas de número três têm grande probabilidade se dar bem na vida, principalmente nas artes e nas atividades espirituais. Costumam ter sorte e obter sucesso sem mesmo tentar. O número três tem um fantástico potencial e adora controlar e dizer aos outros o que devem fazer.

Quatro: A pessoa de número *quatro* é orientada pela terra, sólida e prática. O número quatro parece não ter a centelha das vibrações mais criativas justamente por causa de sua eficiência. Esses indivíduos têm os pés no chão, são calmos, estáveis e respeitosos, os verdadeiros pilares da sociedade. São cautelosos e não gostam de arriscar.

Apesar de sua facilidade para compreender rapidamente ideias novas, preferem estudá-las antes de tomar uma decisão. Gostam de rotina e trabalho meticuloso. Geralmente se tornam ótimos técnicos e pesquisadores. Fazem amigos através de seu trabalho honesto e dedicado, da confiança que inspiram e de seus esforços constantes. Sempre terminam o que começam.

Cinco: O número *cinco* é incansável, agitado, sábio e impaciente. As pessoas de cinco são movidas pelos próprios nervos e por café. São ambiciosas e adoram viajar, conhecer pessoas e estar em ambientes diferentes. As pessoas dessa vibração são capazes de entender e aceitar rapidamente ideias novas. Parecem verdadeiros "paus para toda obra". O incomum e o bizarro fascinam os indivíduos de número cinco, que gostam de jogar, especular e arriscar. Podem ser excelentes vendedores.

As pessoas deste número são aventurosas, atraentes e de pavio curto! Vivem para o momento e detestam responsabilidade e atividades mundanas. Não gostam de se sentir presas e comprometidas a tarefas de rotina. Sua natureza ativa torna-as um pouco convencidas e sarcásticas. O número cinco prefere aprender do jeito mais difícil a seguir conselhos dos outros, o que às vezes causa dificuldades e prejuízos.

Seis: *Seis* é o número da harmonia, da estabilidade, da paz e da felicidade. As pessoas deste número têm grande talento para a amizade e a vida no lar, com a família. São gentis, confiáveis e bem equilibradas. Tanto o homem quanto a mulher de seis são os verdadeiros donos de casa. Parecem ter o dom de se dar bem com todo mundo — independentemente de raça, religião ou credo. Adoram música, arte, poesia e escultura.

Os indivíduos de seis são leais, conscienciosos, idealistas e afetuosos. Costumam ser convidados para assumir posições de confiança e geralmente correspondem às expectativas dos outros. Se não chegam à fama, é porque estão satisfeitos com o que têm e não almejam pináculos mais altos. Se você contratar uma pessoa de seis para administrar seus negócios, ela saberá como atrair seguidores e clientes e geralmente será uma figura proeminente na sociedade.

Sete: O *sete* é o estudioso, o filósofo e o místico. A intuição é uma parte forte da natureza altamente imaginativa do número.

As pessoas deste número adoram o misterioso e tudo o que for relacionado ao lado oculto da natureza. Compositores, músicos, estudantes, filósofos e místicos são alimentados por este número. O sete costuma se afastar do mundo, inspirado pela solitude; entretanto, detesta a obscuridade e tende a culpar o mundo quando não conquista sua proeminência. Embora sejam capazes de resolver problemas intricados, as pessoas de sete raramente compreendem ou sequer conhecem a si próprias.

O indivíduo de sete possui intelecto penetrante, oculto sob uma fachada sonhadora que o faz parecer estranho. Geralmente incapaz de se explicar, pode se tornar uma pessoa frustrante, principalmente quando se irrita ao ser questionado. Se, porém, evitar ser pessimista, indiferente e desconsolado, pode se tornar um ótimo professor e líder — o sete inspira lealdade.

Oito: O número *oito* significa poder, dinheiro e envolvimento material. É o número do sucesso material — o construtor estável de grande desenvolvimento comercial e industrial. O oito coloca os planos em ação, completa-os e procura algo maior. É forte e imponente. Exige muito e obtém o máximo dos outros. Não se deixa deter pela oposição e pode ser cruel com os rivais e subordinados.

Fortes e práticas, as pessoas de oito costumam se tornar homens e mulheres de negócios ou políticos, sempre bem-sucedidos. Trabalham muito, acumulam dinheiro e conduzem suas operações com cautela e tenacidade. Escrevem a palavra "sucesso" com o sinal de cifrão — $UCE$$O — e se alimentam do progresso. A fraqueza deste número está no ciúme, nos esforços desperdiçados e na indulgência.

O oito pode facilmente se tornar duro, materialista e tirânico. Mas em questão de dinheiro, possui o toque de Midas.

Nove: O número *nove* combina influência e intelecto. Românticos, apaixonados e impulsivos, os indivíduos de nove possuem grande simpatia e charme. Tornam-se brilhantes cientistas, professores e artistas. Donos de uma vontade forte, indomáveis e pouco práticos, são sempre pessoas interessantes. Diante de oposição, porém, podem se tornar irredutíveis e intolerantes.

Frequentemente, os indivíduos de nove se envolvem tanto com os próprios esforços humanitários que ignoram os sentimentos das pessoas à sua volta. Impacientes e impulsivos, movem-se rápido e têm temperamento explosivo. Só agem com cautela em questões que envolvam dinheiro, mas, mesmo assim, sua natureza impetuosa pode levá-los a certas generosidades inconvenientes. Se aprenderem a se controlar e a se equilibrar, não há nada que não consigam fazer.

Análise numerológica

Para analisar uma pessoa através da numerologia, comece pela data do nascimento. Ela representa as características natas da pessoa e é conhecida como o número da personalidade. Em seguida, analise o número do nome pelo qual a pessoa é conhecida. Isso mostrará traços desenvolvidos no decorrer da vida. Pode-se determinar a natureza interior da pessoa através do número de vogais, que também é o número da influência implícita.

Para encontrar o número da data de nascimento de alguém, você deve somar todos os números da data juntos até obter um único dígito. Por exemplo, se você nasceu no dia 1º de maio de 1950, primeiro converta o mês em número. Maio é o 5º mês; portanto, 5. Some todos os números: 1 + 5 + 1 + 9 + 5 + 0 = 21. Esse último número é reduzido a um único dígito: 2 + 1 = 3. O seu número de nascimento daria 3, e essa seria a definição para você consultar.

A tabela numérica

1	2	3	4	5	6	7	8	9
A	B	C	D	E	F	G	H	I
J	K	L	M	N	O	P	Q	R
S	T	U	V	W	X	Y	Z	

O passo seguinte é analisar o nome numericamente. Para fazer isso, converta as letras do nome em números, usando a tabela acima. Por exemplo, John Smith:

J O H N S M I T H
1 + 6 + 8 + 5 + 1 + 4 + 9 + 2 + 8 = 44 = 4 + 4 = 8

O número primário para o nome John Smith é 8; portanto, você consultaria a definição das qualidades associadas ao número oito para descobrir que traços John Smith vem desenvolvendo na vida. Se o número do nascimento e o número do nome coincidirem, o indivíduo deve ter uma vida bastante regrada. Se forem opostos, isso pode indicar conflitos e problemas interiores.

A última coisa a fazer é reduzir as vogais no nome da pessoa para um dígito. Isso mostrará que influências operam por baixo da superfície.

O

Óleos

O olfato é um dos sentidos humanos mais poderosos. Ligado em nível primitivo ao inconsciente, o olfato reage sem o seu conhecimento ou vontade consciente. Preso à memória, um odor pode despertar prazer ou alertar para perigos, causar repulsa e afetar a saúde. Todo cheiro que você percebe causa uma reação química no cérebro, desencadeando mais instintos do que ações conscientes. É por isso que os óleos e incensos têm lugar de destaque na maioria das operações mágicas: eles automaticamente ativam respostas, cortando caminho sem passar pela razão.

Óleos fragrantes são usados para aprimorar os ritos mágicos, ungir velas e abençoar e consagrar objetos, e podem até ser queimados no lugar do incenso. Usado no corpo, os óleos podem despertar sensualidade e atrair ou emitir um sinal de parada, uma vibração protetora. Quando usado em combinação com o banho ritual, o óleo relaxa o corpo e revigora a mente, preparando-a para o trabalho de magia.

A mistura de óleos mágicos é simples e requer pouco equipamento, além do conta-gotas, dos óleos essenciais e de pequenos frascos. Se você quiser criar uma mistura especial própria, certifique-se de que os ingredientes se complementam e refletem o seu objetivo. Para melhorar a eficácia de seu óleo, adicione um cristal, uma pedra semipreciosa, uma flor, uma semente ou uma folha ao frasco. Lembre-se sempre de colocar um rótulo no frasco ou na garrafa de acordo com o propósito e a data de criação.

Categorias de fragrâncias de óleos

Doce	**Ácido**	**Almiscarado**	**Madeira**
Baunilha Heliotrópio Violeta Mirra	Laranja Limão Lima Verbena	Almíscar Almíscar escuro Patchouli	Sândalo Pau-rosa
Ardido	**Frutas**	**Menta**	**Flores**
Cravo Pimenta-da-jamaica Canela Louro Lavanda Bergamota	Fruta da vida Cereja Laranja Maçã Abacaxi	Hortelã-pimenta Menta Bálsamo Sálvia	Rosa Jasmim Gardênia Madressilva Tuberosa Magnólia

Receitas essenciais de óleos mágicos

Óleo para atrair amor

1 par de raízes Adão e Eva
1 parte de óleo de rosa
1 parte de óleo de cereja
1 parte de óleo de almíscar
1 parte de óleo de narciso

Óleo Deseje-me

2 partes de óleo de almíscar branco
2 partes de óleo de jasmim
2 partes de óleo de lótus
2 partes de óleo de violeta
1 quartzo rosa em um frasco

Óleo para atrair dinheiro	Óleo Coroa do Sucesso
2 partes de base de óleo de damasco 2 partes de óleo de canela 2 partes de óleo de cravo (especiaria) 2 partes de óleo de franco-incenso 1 pequena raiz jalapa verdadeira em um frasco	2 partes de óleo de girassol 2 partes de óleo de laranja 2 partes de óleo de pimenta-da-jamaica 2 partes de óleo de âmbar cinzento Adicionar *glitter* dourado ao frasco

Óleo do Poder	Óleo para proteção
2 partes de óleo de açafroa 2 partes de óleo de sândalo 2 partes de óleo de laranja 2 partes de óleo de pinho 2 partes de sonata azul 1 granada 1 rubi	2 partes de óleo de patchouli 2 partes de óleo de sândalo 2 partes de óleo de franco-incenso 2 partes de óleo de verbena 1 lasca de ônix 1 folha ou caule de absinto

Olho

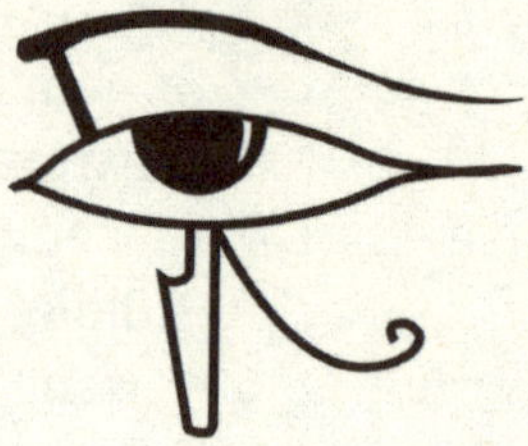

O olho é considerado o órgão primário da percepção sensorial. Ele é intimamente associado à luz, ao espírito e ao sol. O olho simboliza percepção espiritual e mental e é reconhecido como o espelho da alma, o órgão da expressão espiritual e mental.

O olho direito é associado à atividade, ao futuro e ao sol. O esquerdo, à passividade, ao passado e à lua. Em algumas culturas e religiões (como o budismo, por exemplo), é visualizado um terceiro olho no meio da testa, bem acima do nariz, considerado um símbolo de visão interior e do poder.

Na magia, os olhos heterotópicos são aqueles anatomicamente transferidos para várias partes do corpo, como as mãos, o dorso, os braços e diferentes partes da cabeça. Esses olhos são os equivalentes da visão espiritual ou da clarividência. Quando os olhos estão situados nas mãos, significa que o indivíduo tem grandes poderes de clarividência.

O símbolo do olho mais usado em magia é o de Hórus. No antigo Egito, o olho direito de Hórus, o deus do céu, era seu olho solar, e o esquerdo era seu *udjat*, ou olho da lua. O *udjat* simboliza o poder da luz e era um dos amuletos mais sagrados e poderosos na magia egípcia.

Dependendo de seu uso e da simbologia inerente, o olho pode representar as forças do bem e do mal como o único olho de deus ou o poder destrutivo dos ciclopes.

P

Pentáculo

Nenhum símbolo é mais representativo da bruxaria que o pentáculo — um disco com um pentagrama (uma estrela de cinco pontas) inscrito. O círculo em volta do pentagrama é o símbolo universal da totalidade. O pentagrama simboliza o microcosmo humano. Ele representa também os cinco elementos: ar, fogo, água, terra e espírito. Ereto (como na ilustração), o pentáculo representa o espírito acima da matéria e é um símbolo da grande Deusa. Invertido, corresponde à matéria acima do espírito, à busca de ganhos temporais e ao Deus Gamo do materialismo.

Na magia, o pentáculo representa a habilidade do praticante para criar ou manifestar desejos. Como a manifestação do elemento terra e do reino do materialismo, o pentáculo fornece um meio, como a tela de um pintor, para as formas abstratas ganharem vida. Do ponto de vista espiritual ou esotérico, o pentáculo representa o reino do nascimento, da vida, da morte e da renovação.

No decorrer de uma operação mágica, os praticantes usam o símbolo do pentáculo para ajudá-los a conceituar seus pensamentos, acreditando que aquilo que veem mentalmente poderão realizar em forma física. O pentáculo se torna o ponto focal para onde toda a atenção do praticante é dirigida. Se os praticantes estiverem totalmente focados e forem capazes de forçar sua vontade numa única direção, alcançarão resultados e manifestarão seus desejos.

A verdadeira beleza e o poder do pentáculo está em sua versatilidade. Ele proporciona ao praticante um meio de expressão e um lugar para organizar suas formas-pensamento até que possam ser convertidas em realidade. Por exemplo, se você colocar o logotipo ou o símbolo de seu *coven* ou alojamento no pentáculo e energizá-lo durante um ritual, estará dotando os afiliados do grupo com uma porção da energia levantada. Isso é de especial ajuda em campanhas para angariar fundos ou quando você tenta recrutar novos membros.

Propriedades físicas do pentáculo

Ao realizar um rito mágico, é importante você usar símbolos que transmitam seu objetivo. Como um agente do elemento terra, o pentáculo serve de superfície ideal para você colocar suas representações simbólicas no ritual. Como ele servirá de anfitrião para os seus objetivos mágicos, é importante considerar suas propriedades físicas. São elas: a substância de que é feito, a cor e as inscrições.

Madeira

A madeira simboliza a mãe, a grande Deusa e a sabedoria. Um pentáculo de madeira é ideal e muito fácil de trabalhar. A madeira absorve e irradia energia, infundindo as formas-pensamento nos objetos sobre ela colocados. Escolha a madeira para o seu pentáculo de acordo com as vibrações naturais que você gostaria de ter.

Aveleira: Corresponde a Mercúrio, Hermes, Woden e Thor; os elementos são ar e água; é associada às artes de adivinhação e à descoberta de coisas escondidas; desenvolve a sabedoria.

Bordo: Corresponde a Júpiter; o elemento é ar; proporciona amor, longevidade e sucesso material.

Carvalho: Associado a Zeus, Thor, Juno, Diana, Rhea, Deméter, Dagda, Bridget; permite a entrada aos mistérios; é um guardião de conhecimentos e promove coragem, força espiritual e proteção.

Espinheiro branco: Pertence a Marte, Thor, Blodeuwedd e Hera; os elementos são fogo e terra; permite o acesso ao submundo; protege, purifica e ajuda a manifestar desejo.

Freixo: Corresponde aos deuses Netuno, Odin e Mercúrio; os elementos são ar e água; ajuda na atividade mental.

Macieira: Pertence a Afrodite, Vênus, Freya, Ishtar, Cerridwen; o elemento é água; usada para amor, paixão, fertilidade, fundação e inspiração.

Pinho: Alinha-se com Marte, Freya, Osíris, Cybele; o elemento é fogo; ajuda no nascimento, em purificação, discernimento e adivinhação.

Vidoeiro: Associado aos mistérios da grande Deusa; os elementos são terra, ar e água; usado para papel pergaminho; contribui para saúde, cura e magia em geral.

Metal

Os metais são os ossos da Terra, o reflexo do poder de Deus e da grande Deusa. Os metais são belos, conduzem energia e eram considerados sagrados na Antiguidade. Além de suas qualidades temporais, cada metal é alinhado a uma energia planetária que influencia tudo o que entra em contato com ele. A maioria da lojas de produtos da Nova Era e do oculto oferece grande variedade de pentáculos planetários para a escolha do praticante. Os seis metais seguintes são os mais usados na confecção de pentáculos para altar:

Chumbo: Corresponde a Saturno, Hera, Kronos, Parvati, Kali e Ptah; o elemento é terra; encoraja criatividade, realização de ideias em forma material, restrição, formação, disciplina.

Cobre: Corresponde a Vênus, Afrodite, Ishtar, Lakshmi, Bast; os elementos são água e fogo; ajuda nas questões do coração, de amor, paixão, amizade, reconciliação de diferenças, harmonia, beleza e atração.

Estanho: Associado a Júpiter, Zeus, Atenas, Poseidon, Minerva, Marduk e Indra; o elemento é água; ajuda no idealismo e na expansão e a atrair sucesso, obter justiça, liderança religiosa e prosperidade.

Ferro: Pertence a Marte, Vulcano, Durga e Sekhmet; o elemento é fogo; apoia a energia dinâmica, o entusiasmo, a coragem, a força física e a guerra.

Ouro: Pertence ao Sol, a Apolo, Dionísio, Hélios, Vishnu, Rá; o elemento é fogo; desenvolve força, poder, sucesso, conquista, riqueza e energia masculina.

Prata: Associada à Lua, também a Artêmis, Selene, Hecate, Diana, Sin, Shiva; o elemento é água; encoraja a mística feminina, a intuição, a sabedoria instintiva, a compreensão espiritual e psíquica, a fertilidade e a magia.

Pedra

A pedra é o símbolo da estabilidade, da durabilidade, da imortalidade, da coesão e do caráter indestrutível da suprema realidade. As pedras costumam estar ao lado das árvores em locais sagrados ou marcam, sozinhas, um lugar ou evento sagrado. A Pedra da Fundação é a rocha sobre a qual o Universo foi fundado, a pedra-mor da Terra e a fonte das águas da vida, a rocha que nos previne contra o inferno e os poderes do submundo. As pedras apresentadas a seguir são as mais fáceis de encontrar em fatias ou pedaços suficientemente grandes para serem moldados em pentáculos.

Ágata: Associada a Mercúrio; os elementos são terra e fogo; ajuda a criar coragem, força e autocura; é boa para proteção.

Berílio: Corresponde a Netuno, Tiamat, Mara; o elemento é água; pode ser usado para cura, amor e acabar com fofocas.

Calcita: Corresponde a Vênus; o elemento é água; ajuda na concentração, nos esforços espirituais, na purificação, na proteção e na cura.

Geodo: Associado à Grande Mãe; o elemento é água; usado para meditação e fertilidade.

Madeira petrificada: Não é exatamente uma pedra, e sim um fóssil associado à Akasha (ou aos registros akáshicos) e seus elementos; geralmente usada para regressão a vidas passadas, cura e proteção.

Malaquita: Corresponde a Vênus; o elemento é terra; boa para amor, paz, sucesso nos negócios e poder.

Planetas

Há milhões de anos, os planetas, desde a antiga Babilônia até os tempos modernos, sempre simbolizaram as forças essenciais do Universo. Correspondentes aos deuses, dotados de atributos mágicos e vistos como luzes de influência, os planetas afetam todos os aspectos da vida diária.

O sol e a lua, dominando o céu diurno e noturno, respectivamente, foram os primeiros "planetas" associados às forças geradoras de vida dos elementos, as estações e a luta diária do homem pela sobrevivência. A esses dois corpos luminosos era atribuído o poder de controlar o processo cíclico, e ambos eram deificados como a própria fonte de vida.

Com a evolução da mitologia e do hábito de contar histórias, também evoluíram as qualidades divinas dos corpos celestiais e sua habilidade para controlar a existência humana. Além do sol e da lua, o pai e a mãe do Universo, outros deuses e deusas planetários foram surgindo, cada um com identidade própria e esfera de influência.

O sol, a lua, Marte, Mercúrio, Júpiter, Vênus e Saturno (o sol e a lua são considerados planetas, neste sentido) formavam o panteão original de poderes celestiais que governavam os assuntos humanos. A cada planeta era atribuída uma área de influência que controlava as atividades humanas dentro daquele reino. Por exemplo: o sol correspondia ao deus grego Apolo e governava a força, a autoexpressão e a vitalidade associadas à liderança, à realeza e ao governo.

Aprender a usar a energia planetária torna o trabalho mágico mais fácil, pois cada planeta se relaciona à vida quotidiana de uma maneira ou de outra. Quase tudo o que almejamos está subordinado a uma força planetária. Em termos de magia, isso significa que tudo na criação responde a uma energia planetária específica. Portanto, se você sabe qual energia governa certo objeto ou evento, então pode usar o poder planetário correspondente para influenciá-lo. Quanto mais você conhecer os planetas e seus atributos e símbolos correspondentes, mais precisa será a preparação dos seus ritos mágicos.

Correspondências planetárias

SOL

Glifo	☉
Símbolos	Hexagrama, diadema, cadinho da alquimia
Divindades	Apolo, Sol, Dionísio, Hélios, Bridget, Aine, Macha
Arcanjo	Miguel
Dia	Domingo
Cores	Ouro, amarelo
Números	Um ou seis
Metal	Ouro
Pedras	Diamante, âmbar, quartzo transparente, topázio
Incensos	Franco-incenso, sândalo
Plantas	Louro, canela, heliotrópio, malmequer, laranja
Árvores	Carvalho, pinheiro
Animais	Leão, falcão, touro

O sol é autoritário, criativo, corajoso e tem o poder de curar. Com seu calor que gera vida, o sol está no centro da existência, e o que existe no centro ativa o que fica no perímetro. O sol é acima de tudo associado a poder, atividade, autoridade e liderança. Ele deve ser usado para adquirir autoestima, atrair fama e sucesso material, encorajar força física e coragem, ajudar as curas físicas e auxiliar nas ambições políticas.

LUA

Glifo	☽
Símbolos	Crescente, cálice, foicinha lunar
Divindades	Hecate, Selene, Diana, Tot
Arcanjo	Gabriel
Dia	Segunda-feira
Cores	Prata, branco
Número	Dois
Metal	Prata
Pedras	Pedra da lua, pérola, calcedônia, madrepérola
Incensos	Jasmim, lótus, ilangue-ilangue
Plantas	Lírio, jacinto, íris, narciso
Árvores	Salgueiro, espinheiro branco

Animais Siri, coruja, abutre, cavalo

Há mais mitos e lendas sobre a lua do que qualquer outro corpo planetário. A lua parece atiçar a imaginação e despertar os sentidos místicos. Iluminando o céu noturno, ela nos permite ver além da realidade e através das sombras da noite. A lua é receptiva, reflete a luz do sol e governa nossas reações físicas e emocionais. A magia lunar funciona melhor quando é usada para o praticante aprender a controlar sobre as emoções, criar paixão e melhorar a intuição e as habilidades psíquicas.

Marte

Glifo	♂
Símbolos	Pentagrama, lança, açoite
Divindades	Marte, Vulcano, Durga, Sekhmet
Arcanjo	Samuel
Dia	Terça-feira
Cores	Vermelho, vinho
Número	Cinco
Metal	Ferro
Pedras	Hematita, sílex, ônix, granada, rubi
Incensos	Sangue de dragão, galangal, tabaco
Plantas	Raiz sanguínea, gengibre, boca-de-dragão, urtiga
Árvores	Freixo de montanha, freixo, pimenteira
Animais	Carneiro, lobo, escorpião, salamandra

Marte é energia dinâmica, entusiasmo e resolução. Este planeta governa a expressão pessoal, o caráter e a força física. Representa ação e induz os seres humanos a se arriscarem, fazendo-os agir sem pensar. A imagem principal de Marte é a força — empurrar e forçar, pouco se importando com o que é certo ou errado. Sob a liderança de Marte, encontramos uma necessidade instintiva de liderar, sobreviver e limpar o caminho de todos os obstáculos à realização pessoal. A energia de Marte deve ser usada para desenvolver força de caráter, reforçar a determinação, enfrentar os inimigos e vencer batalhas.

Mercúrio

Glifo	☿
Símbolos	Caduceu, pergaminho, estilo
Divindades	Hermes, Mercúrio, Tot
Arcanjo	Rafael
Dia	Quarta-feira
Cores	Amarelo, laranja, damasco
Número	Oito
Metais	Mercúrio, zinco
Pedras	Citrina, ágata
Incensos	Styrax (storax líquido), goma arábica, lavanda
Plantas	Lavanda, manjerona, anis-estrela, acre-doce
Árvores	Vidoeiro, faia negra, amendoeira
Animais	Raposa, leopardo, macaco, avestruz, pombo-correio

Mercúrio é simbolicamente relacionado à comunicação e à habilidade para pensar. Ele governa o potencial humano de raciocinar, tomar decisões, avaliar situações e analisar fatos. O pensamento criativo, racional e original é exclusivo dos seres humanos. Pensar é um poderoso instrumento e implica em quantidade tremenda de responsabilidade. Todas as pessoas são responsáveis por usar a mente de maneira honrosa e para o bem de todos os seres vivos. O mercúrio deve ser usado para melhorar o processo de pensamento, remover o estresse, a tensão e a depressão e aumentar a criatividade e o pensamento original.

Júpiter

Glifo	♃
Símbolos	Relâmpago, tridente, coroa
Divindades	Zeus, Atenas, Júpiter, Minerva, Tinia, Marduk, Maat
Arcanjo	Sachiel
Dia	Quinta-feira
Cores	Roxo, azul-escuro
Número	Quatro
Metal	Estanho
Pedras	Ametista, lepidolita, sugilita
Incensos	Pinho, sândalo, cravo
Plantas	Sálvia, betônica, noz-moscada
Árvores	Junípero, cedro, pinheiro, sicômoro
Animais	Baleia, cisne, águia

Júpiter corresponde ao conhecimento, à compreensão, ao bom senso para julgar e à prosperidade. Ele governa os conceitos de expansão, oportunidade e boa sorte. Júpiter é um planeta alegre que promove abundância através do esforço realista e do trabalho incansável. Uma coisa que Júpiter ajuda o indivíduo a fazer é mudar suas atitudes negativas para positivas. Quando a atitude muda, muda também todo o resto, pois com boa disposição você consegue fazer praticamente tudo. Use Júpiter para atrair riqueza e abundância, criar dignidade, adquirir sabedoria e saber julgar corretamente, maximizar os valores morais, melhorar a saúde financeira e expandir o conhecimento e a compreensão de conceitos religiosos e filosóficos.

VÊNUS

Glifo	♀
Símbolos	Espelho, cinta, concha
Divindades	Vênus, Afrodite, Ishtar, Lakshmi, Bast
Arcanjo	Anael
Dia	Sexta-feira
Cores	Verde, turquesa, branco-esverdeado luminescente
Número	Sete
Metal	Cobre
Pedras	Esmeralda, jade, lápis-lazúli, coral
Incensos	Rosa, lilás, violeta
Plantas	Rosa, íris, orquídea, lírio florentino, flor de maracujá, baunilha
Árvores	Macieira, cerejeira, abacateiro, figueira
Animais	Lince, gato, coelho, pomba, pardal

Vênus é o epítome da mística feminina; como deusa, é a rainha do amor e da beleza. Vênus oferece o que os outros planetas não têm: a qualidade da simples abundância. A natureza toda responde a Vênus e aos prazeres por este planeta proporcionados. Paixão, paz, afeição, dinheiro, sucesso e amizades são todos governados por Vênus. Use este planeta para despertar as paixões da pessoa amada, criar um ambiente de paz, adquirir dinheiro, fazer sucesso e ganhar novos amigos.

SATURNO

Glifo	♄
Símbolos	Foice, chave, machado duplo
Divindades	Saturno, Kronos, Hera, Kali, Net
Arcanjo	Cassiel
Dia	Sábado
Cor	Preto
Número	Três
Metal	Chumbo
Pedras	Ônix, obsidiana, azeviche, hematita, lágrima de apache
Incensos	Patchouli, mirra
Plantas	Beladona, cicuta, teixo

Saturno é o planeta da estabilidade e da restrição. Suas energias testam nosso equilíbrio e resistência. Sob alguns aspectos, Saturno simboliza o tempo, que com seu apetite voraz por vida devora todas as suas criações. Saturno, como o próprio tempo, traz inquietude, o senso de duração desde o momento de estímulo até o pico da satisfação. Saturno é sucesso lento, deliberado e disciplinado. Use-o para melhorar a concentração, disciplinar a mente preguiçosa, melhorar seu desempenho no trabalho e sentir-se motivado.

Cada um dos sete planetas produz um campo de energia ou uma vibração diferente, que pode ser usado para aprimorar as operações mágicas. Incorporando essa energia em seus trabalhos mágicos, você aumenta sua eficácia. Por exemplo: um ritual para atrair amor teria um tremendo impacto se coincidisse com as vibrações de Vênus. Do mesmo modo, você reforçaria muito um encantamento para sucesso pessoal se o fizesse num domingo, aproveitando a energia do sol.

Além dessa sincronia, tente incluir certa simbologia planetária em seu rito mágico. Deseja dar ao encantamento de proteção uma força extra? Então, planeje fazer o encantamento numa noite de sábado. Use três velas pretas e incenso de patchouli e inclua três pedaços de azeviche ao trabalho. Se tiver tempo suficiente, faça uma bolsa preta no formato de morcego para carregar seus símbolos de proteção. Quanto mais refinados forem seus encantamentos, melhores e mais rápidos serão os resultados.

Poção

Não há como deixarmos de associar caldeirões ferventes e poções à bruxaria. Desenhos animados, filmes e contos de fadas estão cheios de bruxas recitando fórmulas mágicas e encantamentos, rodeadas de frascos fumegantes, exercendo enorme fascinação. Basta um gole e você estará enfeitiçado. Ou, sob um aspecto menos agradável, sempre há uma velha encarquilhada remexendo seu caldeirão de poções borbulhantes, cujo objetivo é provocar a morte de uma bela princesa.

Desde a Bíblia Sagrada até Macbeth, de Shakespeare, são mostradas Bruxas e suas poções mágicas que curam os doentes ou provocam a morte do inimigo. De acordo com alguns *grimoires* antigos, com a poção mágica certa você pode ficar invisível, voar sobre uma vassoura, ficar jovem e conservar a beleza para sempre ou transformar seu vizinho num sapo. (Gosto dessa última e sinto dizer que não existe atualmente. Na verdade, talvez os poderes de nossos ancestrais tenham sido ligeiramente exagerados.)

Um bom dicionário definiria a palavra "poção" como "uma dose ou bebida, às vezes com propriedades venenosas". Basicamente, as poções nada mais são que ervas mergulhadas em água para fins medicinais. Porém, há ocasiões em que uma poção de amor é necessária para reacender uma chama fraca. Uma advertência: tome sempre muito cuidado ao fazer uma poção. Siga a receita à risca, e não seja criativo. Algumas áreas da magia devem ser abordadas com cautela, e esta é uma delas.

Poção do amor

Itens necessários: uma panela de vidro, tinta de sangue de pomba, um pincel pequeno, vinho tinto suave, uma chaleirinha de metal, uma xícara de mel e os seguintes ingredientes: 3 folhas de hortelã frescas, 7 pétalas de botões de rosa, 1 pitada de casca de laranja, 1 pitada de coriandro e 1 pitada de manjericão.

Coloque as ervas na chaleirinha e reserve. Do lado de fora da panela de vidro, escreva o nome da pessoa desejada sete vezes. No lado de dentro, inscreva o símbolo de Vênus.

Encha a panela com duas xícaras de água mineral. Ferva, coloque dentro a chaleirinha, desligue o fogo e deixe o conteúdo da chaleirinha se infundir na água por dez minutos. Tire a chaleirinha da panela e acrescente o mel. Ferva o líquido novamente e depois deixe em banho-maria. Quando o líquido virar um xarope grosso e amarelado, desligue o fogo e deixe esfriar. Coloque o xarope em uma garrafa e ponha um rótulo. Adicione várias gotas dele ao vinho, suco ou comida que tenciona servir à pessoa amada.

Se estiver com coragem, convide a pessoa para um jantar à luz de velas. Faça um arranjo de velas em formato de coração — vermelhas, brancas e douradas, ungidas com óleo para atrair amor — e pequenos vasos de botões de rosa cor-de-rosa. Acenda um incenso para atrair amor e use suas roupas mais sensuais.

Menu de amostra

Vinho de frutas branco (*adicionar 3 gotas de poção de amor*).

Rodelas de palmito dispostas sobre folhas de alface romana, cobertas com sete camarões de coquetel, servidas com molho de mostarda-mel (*adicionar 3 gotas de poção de amor ao molho*).

Codorniz ao forno (uma para cada) acompanhada de anéis de maçã temperados.

Aspargos com molho *hollandaise* (*adicionar 3 gotas de poção de amor ao molho*).

Arroz integral e silvestre com cogumelos.

Crepes em forma de coração, recheados com morangos frescos, cobertos com creme batido (*adicionar 3 gotas de poção de amor*) e acompanhados de folhas de hortelã frescas.

Conhaque morno (*adicionar 3 gotas de poção de amor*).

R

Runas

A palavra "runa" vem do antigo termo nórdico *run*, que significa segredo. As runas eram um antigo alfabeto germânico usado tanto para a comunicação no dia a dia quanto para propósitos místicos e adivinhação. Os *Vickings* usavam as runas para proteger suas casas e infundir poder às suas espadas e escudos. Os xamãs da Escandinávia as usavam para curar, lançar encantamentos e proteger seus morros funerários.

As runas consistem em 24 letras e uma runa vazia. As 24 runas são dedicadas às três divindades nórdicas e subdividem-se em três grupos de oito, conhecidos como *Freyr's Aett*, *Hagal's Aett* e *Tyr's Aett*. A 25ª runa, ou a runa vazia, é chamada de *wyrd* e simboliza o desconhecido ou o destino. O significado tradicional da runa vazia é "*No colo dos Deuses*" ou "*O que será, será*".

Quase todas as lojas de produtos da Nova Era ou do oculto vendem runas confeccionadas profissionalmente. São boas, porque vêm com um livro de instruções e uma sacola para guardá-las. Entretanto, você não terá dificuldades para fazê-las e infundi-las com a sua energia durante o processo.

Pedras chatas e de superfície regular, azulejos de cerâmica, varetas de madeira e argila são ótimos materiais para runas. Pintados e inscritos com o símbolo rúnico apropriado, eles se tornam tão mágicos quanto qualquer item comprado numa loja. Se você fizer um conjunto de runas, deve também criar uma sacola de pano para guardá-las. Escolha um tecido pesado, porém macio, de uma cor que proteja e energize suas runas, mesmo quando não estiverem em uso.

Significado das pedras de runas

Freyr´s Aett (primeiro grupo de oito runas)

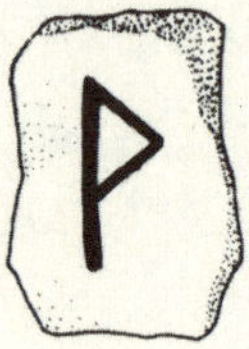

1. Wunjo

Alegria. Alegria e felicidade vindo para a sua vida. Sucesso. Boas notícias. Alegria no trabalho. Afeição de uma pessoa amada.

Reverso (o símbolo visto de cabeça para baixo): contrário do exposto acima.

2. Gebo

Parceria. Pode haver um presente vindo para você. Sempre um sinal positivo, pois não possui reverso. Importante avanço em um relacionamento romântico. Pode indicar casamento ou parceria em negócios.

Reverso: não há.

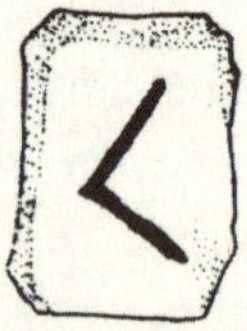

3. Kano

Abertura. Amizade, abertura, afetuosidade. Força, energia e poder. Ação positiva. Problemas resolvidos facilmente. Boas coisas vindo para a sua vida. Boa hora para começar algo novo.

Reverso: contrário do exposto acima.

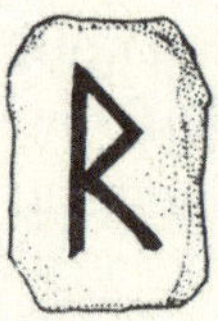

4. Raido

Jornada. Viajar a passeio, sem problemas. Possível jornada da alma. Período de pensamento lógico. Uma boa hora para comprar ou vender.

Reverso: contrário do exposto acima.

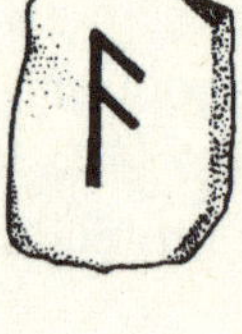

5. Ansuz

Sinais. A palavra falada ou o conselho. Hora de pensar antes de falar. Eloquência e facilidade. Descoberta de uma habilidade secreta.

Reverso: mentiras, tapeação, engodo geral. Procure uma segunda opinião.

6. Thurisaz

Porta. Boa sorte inesperada. Boa saúde. Proteção. Previne contra ação intempestiva.

Reverso: indisposição em ouvir os conselhos para evitar ação intempestiva. Sua sorte está acabando. Decepção consigo mesmo.

7. Uruz

Força. Virilidade, boa saúde e grande resistência. Fortes emoções. Pode estar se recuperando de problemas de saúde. Poucos avanços em questões de negócio. Pode haver uma promoção.

Reverso: fracasso iminente. Desânimo. Baixa vitalidade. Pode haver alguma doença não grave.

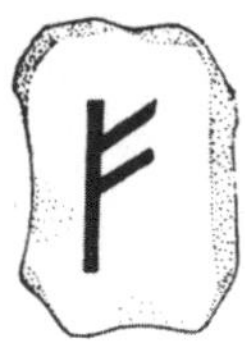

8. Fehu

Posses. Significa ganho material; pode indicar riqueza. As metas já estão ao seu alcance. Habilidade para vencer oposição.

Reverso: perda ou decepção. Frustração.

Hagal´s Aett (segundo grupo de oito runas)

9. Sowehu

Todo. Progresso e sucesso. Possível viagem. Sucesso com exames. Boa saúde. Recuperação da saúde após alguma doença. Conquista, vitória e poder.

Reverso: advertência quanto ao excesso de trabalho. Tenha mais consideração pelas pessoas que você ama.

10. Algiz

Proteção. Ajuda inesperada de uma pessoa não querida no momento mais oportuno. Hora de defender sua posição. Tome cuidado para não abrir mão de seus princípios. Invencibilidade.

Reverso: vulnerabilidade. Possível perda ou injustiça.

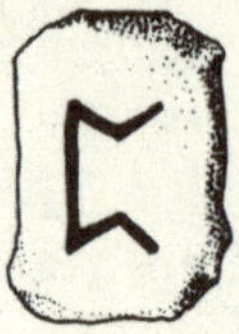

11. Perth

Iniciação. Segredos. Poderes psíquicos. Uma reviravolta inesperada. Possível notícia de algum lugar distante. Um agradável encontro com alguém do passado.

Reverso: decepção.

12. Eithwaz

Defesa. Tente olhar para a frente e prever o que está por vir. Um momento de dificuldade que exigirá tato e diplomacia. Após uma pequena demora, as coisas melhorarão.

Reverso: advertência; fique alerta.

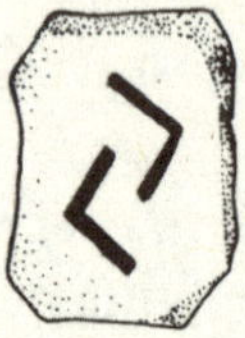

13. Jera

Colheita. Você colherá os frutos de seus esforços. Hora de receber o que é bem merecido. Uma boa hora para finalizar um contrato ou completar uma tarefa. As questões financeiras estão para melhorar nos próximos dias.

Reverso: pequeno atraso na melhora financeira; pode haver certa decepção.

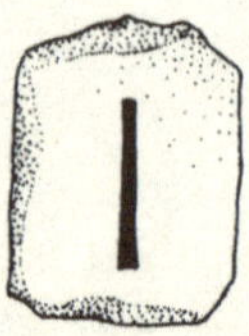

14. Isa

Parada. A runa do gelo. Indica que você deve permanecer imóvel. Pode estar andando sobre gelo fino, por isso é melhor não se mexer. É um momento de paciência e compreensão. Separação temporária. Sacrifício. Submissão.

Reverso: o gelo começa a endurecer. As coisas vão melhorar.

15. Naurthiz

Restrição. Mau momento para começar algo novo. Evite tudo o que parecer barganha ou jeito fácil de ganhar dinheiro sem esforço. É hora de ter paciência e planejar.

Reverso: momento para cautela. Pense antes de agir. Não se mexa agora. Se fez uma escolha errada, corte o prejuízo e esqueça o assunto.

16. Hagalaz

Rompimento. Forças imprevistas estão agindo contra você. Tome cuidado. Esteja preparado para uma surpresa desagradável. Seja cauteloso.

Reverso: você se sairá desta. Continue lutando e não perca a direção.

Tyr´s Aett (terceiro grupo de oito runas)

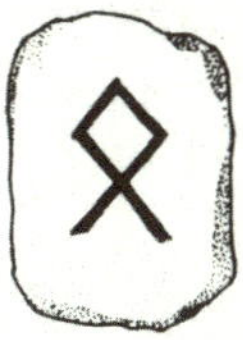

17. Othila

Separação. Separação no sentido de mover-se numa nova direção. Pode haver uma herança ou negociação no horizonte. O futuro está mudando.

Reverso: pode haver contenda financeira ou oposição a algum plano.

18. Dagaz

Inovação. Momento de transformação. Liberdade. Um peso foi tirado de seus ombros. Vitória, mesmo que as coisas pareçam estar contra você. Mudanças positivas chegando.

Reverso: finalmente você vê a luz no fim do túnel. As mudanças podem ser lentas, mas estão chegando.

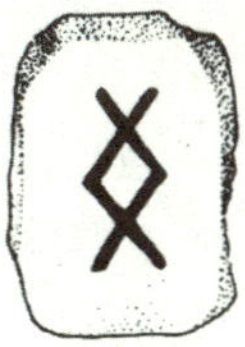

19. Inguz

Fertilidade. Uma meta alcançada. Um problema resolvido. Hora de celebrar a vitória de um trabalho bem feito. Descanse e reflita.

Reverso: não há.

20. Laguz

Fluxo. Uma longa jornada pode estar terminando. Uma viagem além-mar. Hora de seguir o fluxo, seus instintos. Sinta em vez de pensar.

Reverso: preste atenção aos bons conselhos de outras pessoas. Cuidado com a tentação. Não é um bom sinal.

21. Mannaz

O *self*. Hora de pensar em si mesmo. Planeje mudanças. Um bom momento para mudar de emprego ou residência. Você está progredindo rápido.

Reverso: controle suas emoções agora; as mudanças podem ser adiadas.

22. Ehwaz

Movimento. Novos começos. Hora de excitação. Há mudanças no ar. Viagem. Um bom momento de manter as coisas sob a perspectiva correta. Você se sente confiante.

Reverso: todo cuidado com os outros e controle suas emoções.

23. Berkana

Crescimento. Novas energias estão presentes. Novas venturas no horizonte. Para a mulher, pode significar parto ou gravidez. Novas ideias. Possível sinal de casamento. Um momento favorável.

Reverso: fique de olhos abertos para problemas de família, rompimentos com amigos ou ansiedade.

24. Teiwaz

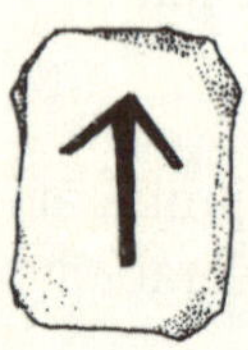

Guerreiro. Hora de marchar em frente e experimentar uma aventura. Novas coisas no horizonte. Hora de ser bravo e corajoso. A vitória pode ser sua. Momento de grande paixão.

Reverso: pode haver um prejuízo nos negócios. Estagnação. Hora de emoções cruas. Cuide-se e fique alerta.

25. A última runa, a vazia

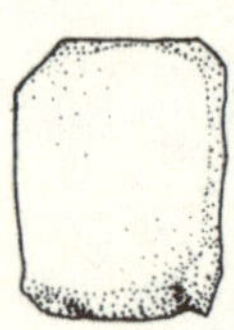

Wyrd: O desconhecido. Destino. Esta runa lhe diz para entregar seu destino aos Deuses. Nada poderá fazer neste momento. Destino é poder. Será como será. No momento, você não tem controle do problema ou da situação. "No colo dos deuses" significa mudanças poderosas, que estão fora de seu controle. Não há reverso para esta runa. Use as outras runas para conselho em suas leituras.

Métodos de leitura

Uma runa

Este é certamente o método mais fácil de leitura de runas, principalmente se você tem uma pergunta específica que requer resposta imediata. Coloque as runas nas mãos, concentre-se e faça a pergunta em voz alta. Agora, ponha-as de volta na sacola e chacoalhe bastante. Enfie a mão na sacola e tire uma runa. Ela será a resposta à sua pergunta.

A melhor coisa sobre as runas, e particularmente este método, é que você pode usá-las em qualquer lugar. Assim, se você está no trabalho e tem um problema com algo ou alguém, use o intervalo para consultar as runas. Elas lhe darão uma solução rápida para você enxergar as coisas do modo certo novamente.

Três runas

Este método é bem parecido com o primeiro. Coloque as runas nas mãos, concentre-se na pergunta e formule-a em voz alta. Coloque as runas de volta na sacola e chacoalhe bem. Pegue três runas e disponha-as à sua frente (ver diagrama). A primeira runa, à esquerda, indica a base do problema ou situação presente. A runa do meio mostra as vibrações ao seu redor. A terceira, à direita, lhe dá a resposta ou sugere a ação adequada a tomar.

Runas em cruz

Coloque as runas nas mãos, concentre-se na pergunta e formule-a em voz alta. Coloque as runas na sacola e chacoalhe bem. Tire cinco runas, uma por vez. Disponha as três primeiras em uma fileira da esquerda para a direita. A quarta deve ficar acima da runa central e a quinta, abaixo. Todas devem estar viradas para baixo.

Vire a runa central para cima. Ela representa a situação atual e o que está acontecendo agora. A pedra à esquerda é o passado. Agora, vire essa pedra; ela lhe dirá quais vibrações passadas ainda afetam a situação atual.

Em seguida, vire a runa de cima. Ela explica que ajuda externa ou que forma de autoajuda são necessárias para você melhorar a situação. Agora vire a pedra abaixo da central. Ela lhe dirá que mudanças podem ou não ser feitas.

Por último, vire a pedra do braço direito da cruz. Ela representa o futuro, o resultado final da leitura. Para maior esclarecimento, tire uma sexta runa da sacola. Ela deve ser colocada na parte mais baixa da cruz, sob a quinta pedra. A sexta runa indicará novas influências que podem afetar a situação e seu resultado final.

Se você é um iniciante em bruxaria e não tem certeza de qual método de adivinhação vai escolher, comece pelas runas. Elas são fáceis de fazer e convenientes de usar, e não dão muita margem para interpretações pessoais. Por causa do tamanho, é fácil carregá-las, e elas podem ser lidas em qualquer lugar e situação. Guarde um conjunto de runas na bolsa, pasta de trabalho ou armário da escola. Use o intervalo do café, o horário de almoço ou qualquer outra pausa para consultá-las sobre os eventos do dia.

A melhor maneira de você se tornar proficiente com as runas, assim como com qualquer outro método de adivinhação, é usando-as regularmente. Antes de sair para o trabalho ou começar as atividades do dia, passe algum tempo consultando as runas, cartas ou folhas de chá. Você não precisa estar vivendo uma crise para buscar sabedoria superior ou orientação espiritual. Use suas habilidades para adivinhação como instrumento para ajudar a estabelecer metas e indicar áreas em que pode haver progresso pessoal. Uma pergunta simples como "o que vou vestir hoje?" lhe dará a motivação e a direção necessárias para você viver uma vida mágica.

S

Sol

Simbolicamente, o sol representa o poder masculino supremo, a divindade onisciente, o coração do Cosmos e o esplendor do Universo. Na maioria das tradições, o sol é o pai universal, enquanto a lua é a mãe. Constantemente nascendo e se pondo, o sol simboliza vida e morte e a renovação da vida através da morte. O sol é a imagem visível da bondade divina.

T

Talismã

Segundo MacGregor Mathers, mago cerimonial, escritor e fundador da ordem mágica Alvorecer Dourado (*Golden Dawn*), um talismã é "uma figura mágica dotada com a força da natureza que pretende representar" e costuma ser construído com o objetivo de gerar um resultado específico. Se for devidamente confeccionado, o talismã tem eficácia imediata ou no máximo dentro de sete dias a partir da data de sua confecção. Geralmente os talismãs são empregados para a obtenção de metas a longo prazo. Por exemplo, um talismã pode ser feito para alguém obter uma promoção no trabalho, para induzir um amor que culmine em casamento ou para criar uma barreira de proteção em volta de uma casa ou de uma pessoa querida.

Uma vez criado e energizado, o talismã trabalha sozinho; a energia desenvolvida pelo operador continua funcionando por determinado período de tempo. Os talismãs são como baterias e têm o benefício de se autorrecarregar até certo ponto (desde que tenham sido confeccionados corretamente). Essa habilidade para recarregar se deve à relação entre o talismã e a força simbólica correspondente.

Os talismãs têm importante papel na magia, porque possuem a capacidade de invocar e segurar energias e poderes elementais. Mais importante, eles permitem que você intensifique e estenda seu magnetismo pessoal além dos limites normais. Isso é possível por causa do simbolismo oculto incorporado no talismã.

Antigos selos mágicos, como aqueles encontrados na Chave de Salomão, contêm um poder que vem crescendo no decorrer de séculos de uso. O simbolismo implícito nesses selos reflete o universo interior da natureza humana e proporciona um meio pelo qual ela pode ser manipulada e controlada.

Os talismãs têm a capacidade de libertar nossos poderes internos e fornecer acesso aos externos. Um veículo de força mágica minuciosamente confeccionado, o talismã dirige a energia para um objetivo desejado, ajudando-o a se tornar realidade. Os selos ou talismãs mais amplamente reconhecidos vêm da Chave de Salomão. Eles correspondem aos sete planetas principais e podem ser usados sozinhos ou juntos para os encantamentos. A presença deles num trabalho mágico alinha o trabalho com a energia planetária representada.

Selos dos talismãs da Chave de Salomão

O primeiro pentáculo do sol. O semblante de El Shaddai, preferido por aqueles que desejam obter todas as coisas que desejam. Incorpore este talismã nas obras mágicas destinadas a trazer sucesso e prosperidade.

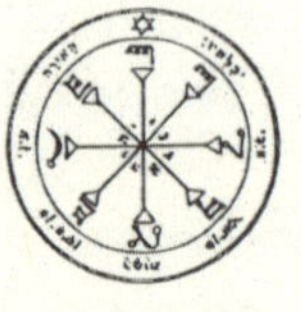

O quarto pentáculo do sol. Permite ao dono ver os outros como eles realmente são. Quando este selo está próximo a um amigo ou inimigo, os verdadeiros pensamentos do indivíduo são revelados. Ele também possibilita ao dono ver espíritos. Use-o para descobrir a verdade em todas as situações.

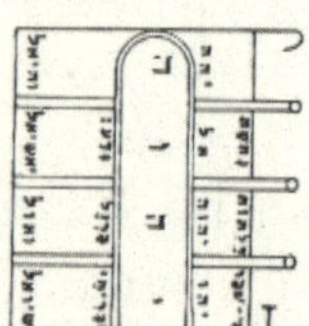

O primeiro pentáculo da lua. Creditado com o dom de invocar os espíritos da lua para abrir todas as portas, não importa o modo como estejam fechadas. Use este talismã para ajudá-lo a entrar em clubes, confrarias e capítulos de ordens mágicas. Ele pode ajudar na intuição e no trabalho psíquico.

O quarto pentáculo da lua. Serve para defender seu dono contra o mal e todas as agressões ao corpo e à alma. Também traz o conhecimento e a virtude de todas as ervas e pedras a quem o possui. Use este talismã com um encantamento de proteção.

O primeiro pentáculo de Marte. Creditado com o poder de invocar os poderes de Marte para promover coragem, entusiasmo, ambição e todas as realizações físicas. Use-o em rituais de poder pessoal para aumentar força, resistência e magnetismo.

O quarto pentáculo de Marte. Use-o para conseguir vitória na guerra. Com seus poderes, ele o ajuda a derrotar todos os seus inimigos; além disso, vinga seu dono em todas as situações. Acrescente este pentáculo a encantamentos e rituais de proteção, bem como aos de superar obstáculos.

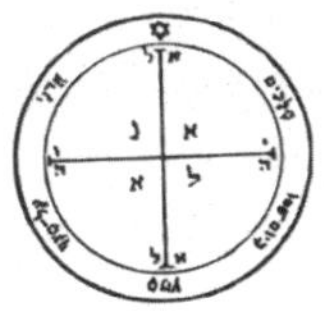

O terceiro pentáculo de Mercúrio. É usado para influenciar a palavra escrita, tendendo a tornar a pessoa eloquente em cartas, documentos e qualquer outra forma de texto. Como Mercúrio é o planeta da comunicação, este é um ótimo talismã para você usar quando quiser vender suas ideias a outra pessoa através do contato escrito.

O quarto talismã de Mercúrio. Ajuda o dono a adquirir conhecimento e compreensão de todas as coisas. Pode ser usado para penetrar pensamentos ocultos. Um ótimo talismã para você usar na escola ou quando estudar para um teste. Também pode ajudá-lo a descobrir o que os outros estão pensando.

O quarto pentáculo de Júpiter. Usado para adquirir grande riqueza e honra. Deve ser gravado em prata e usado em encantamentos e rituais para aumentar a prosperidade e atrair dinheiro.

O sexto pentáculo de Júpiter. Protege o dono contra todos os perigos terrenos. Simplesmente pensando no talismã todos os dias e repetindo "tu jamais perecerá", a pessoa estará cercada pela força protetora dele. Pode ser usado em conjunção com encantamentos e rituais de proteção.

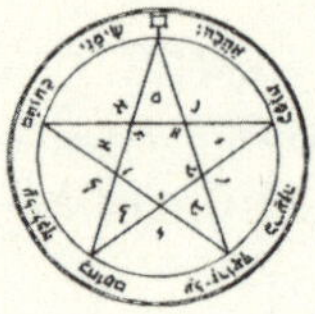

O segundo pentáculo de Vênus. É usado para obter grande honra e realizar todos os desejos nas questões do coração. Este pentáculo pertence a Vênus e traz ao dono honra em tudo, principalmente nas coisas do amor. Acrescente-o aos encantamentos de amor e amizade.

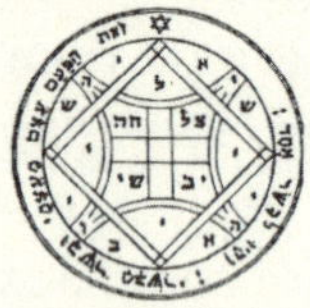

O quarto pentáculo de Vênus. Tem grande poder e compele os espíritos de Vênus à obediência. Usado com encantamentos de amor, este talismã força a pessoa desejada a se aproximar de você. O pentáculo deve ser gravado em cobre.

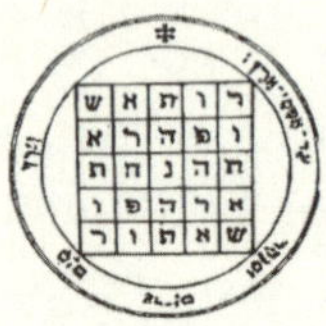

O segundo pentáculo de Saturno. De grande valor quando você se depara com adversários nos negócios. Este talismã deve ser levado quando a pessoa está procurando trabalho ou negociando acordos comerciais. Use-o juntamente com o quarto pentáculo de Júpiter para proteger os ganhos monetários.

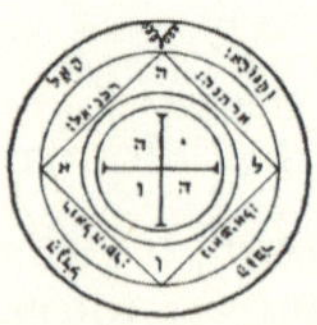

O quinto pentáculo de Saturno. Defende aqueles que invocam os espíritos de Saturno à noite, afastando os espíritos maus e protegendo tesouros. É um bom talismã para proteger a casa e tudo dentro dela. Coloque-o atrás de um espelho para refletir e desviar vibrações negativas.

(Para uma lista mais completa de todos os pentáculos planetários e talismãs relacionados, consulte *The Key of Solomon The King* (*Clavicula Salomonis*) [A chave do Rei Salomão], traduzido de antigos manuscritos no Museu Britânico por S. Liddell MacGregor Mathers e preparado para publicação sob os auspícios editoriais de L. W. de Laurence, por volta de 1900. Desde então, *The Key of Solomon* vem sendo reimpresso regularmente por várias editoras britânicas e norte-americanas. A edição mais recente é da Samuel Weiser, Inc., 1974, com o prefácio de Richard Cavendish.)

Terra

A Terra é a realidade física. Simbolicamente, representa ao mesmo tempo o ventre e a cova. A Terra é o elemento que gera a vida e depois a pede de volta. Em termos de magia, ela é vista como o resultado final, um lugar onde os outros elementos podem manifestar fisicamente sua natureza. A Terra é a nossa base de operações, na qual exibimos o produto final de nossa imaginação. A Terra é o altar do mago, um lugar para criar mudança de acordo com a vontade.

Magia da Terra

Encantamento de amor da hera

Use este encantamento para ganhar as afeições da pessoa desejada se ela não corresponder aos seus sentimentos de amor.

Em um pote de barro, plante uma muda recém-cortada de hera (que representa amor constante e fluido, sempre crescendo). Faça uma trança de duas tiras de fita vermelha e verde. Amarre a trança ao redor do pote e faça um laço grande. Coloque o pote com a planta em uma janela onde ele receba a luz do sol durante o dia e o luar à noite.

Sempre que você regar a planta, entoe estes versos:

Como a hera cresce
E ao meu verdadeiro amor mostra.
Serei dele/dela o deleite
Dia e noite.

Cuide da planta com cuidado, pois, à medida que ela for crescendo, você ganhará o amor da pessoa desejada.

Tabela de correspondência da Terra

VALORES	responsabilidade, perseverança, experiência, autoridade
CORES	amarelo, marrom, avermelhado (russo)
SÍMBOLOS	quadrado, cornucópia, fuso, foice, sal
FERRAMENTAS	escudo, pentáculo, mangual, chifre
PLANTAS	alfafa, algodão, aveia, patchouli, trigo
PEDRAS	ágata de musgo, jaspe, malaquita, peridoto, turmalina
LUGARES	cavernas, florestas, campos, jardins, desfiladeiros
ZODÍACO	Capricórnio, Touro, Virgem
ARCANJO	Auriel
TEMPO	meia-noite, inverno
DIREÇÃO	Norte
PROCESSO	responsável, prático, organizado, estável, pés no chão

A caixa de amor

Para este encantamento, você precisará de uma caixa pequena de cerâmica ou madeira e os seguintes itens:

- Um punhado de terra do quintal da casa da pessoa amada.
- Uma mecha de cabelos da pessoa amada.
- Sete pinhos (para constância).
- Um botão de rosa (para amor).
- Uma mecha de seu cabelo.
- Uma pitada de lavanda fresca (para harmonia).

Coloque os itens na caixa. Feche-a e amarre-a bem apertado, com fita vermelha e dourada. À meia-noite, na noite de lua cheia, enterre-a sob uma macieira. Desenhe um coração na terra acima do local onde está a caixa. Entoe estes versos nove vezes:

Poder da terra
Faça nascer o amor.

Quando completar o encantamento, vire-se e vá embora. Não olhe para trás. O amor que você deseja certamente virá até você.

Encantamento de prosperidade da Terra

Este encantamento é muito eficaz se você está procurando emprego. Comece na noite de lua nova. Em um pequeno saco de papel de mercearia, ajunte terra dos seguintes lugares:

- Um banco perto de sua casa.
- Uma loja em que você gosta de comprar.
- A empresa em que você gostaria de trabalhar.
- A encruzilhada mais próxima.
- Leito de ferrovia no sentido norte/sul.

Na noite seguinte, inscreva em uma vela cor-de-laranja o nome da empresa em que você gostaria de trabalhar. Coloque a vela no centro de seu altar (ou sobre uma mesa pequena). Em volta da vela, faça um pequeno círculo com a terra que você ajuntou, declarando verbalmente todas as coisas que fará quando arranjar o emprego.

Acenda a vela. Mentalmente, veja-se comprando em sua loja favorita, tomando decisões importantes e até viajando. Deixe a vela queimar por duas horas. Repita cada noite até a vela queimar por completo. Apanhe a terra ao redor da vela e coloque-a em uma bolsinha cor-de-laranja, junto com um pequeno cristal. Leve a bolsinha quando for procurar o emprego desejado.

Incenso e fragrâncias da Terra

As seguintes misturas de ervas, óleos e incenso devem ser usadas para a magia com terra. Como as ervas são relacionadas à terra, suas vibrações permitirão que você faça melhores trabalhos mágicos, principalmente aqueles ligados ao elemento terra.

Madressilva *(dinheiro, proteção)*

Use óleo de madressilva para atrair dinheiro. Misture o óleo com um pouco de verbena para proteção. Queime incenso de madressilva na noite de lua nova para atrair dinheiro.

Magnólia *(fidelidade)*

Use óleo de magnólia para manter fiel a pessoa amada. Queime incenso de magnólia no quarto para garantir um relacionamento fiel.

Patchouli (*dinheiro, sensualidade*)

Use óleo de patchouli para incitar a paixão na pessoa amada ou desejada.

Verbena *(proteção, purificação, juventude)*

Misture os óleos de verbena e patchouli e use-os como véu de proteção poderosa. Misture verbena com sálvia para limpar sua casa de influências negativas. Uma gota de óleo de verbena dentro de seu travesseiro fará com você se sinta sempre jovem.

Vetiver *(amor, sorte, dinheiro)*

Use uma gota de vetiver para atrair amor e dinheiro. Os jogadores de carta contumazes esfregam óleo de vetiver nas mãos antes de jogar.

U

Unicórnio

O unicórnio é um animal mítico com um chifre na testa e o corpo de cavalo. Ele simboliza a união dos opostos, o poder soberano indivisível, a virgindade e o amor.

O chifre do unicórnio tem o poder de detectar veneno na água, tornando-a inofensiva. Na simbologia cristã, o chifre denota Cristo e o Pai como um, e como antídoto para o veneno, representa o poder de Cristo para destruir o pecado.

A maioria dos seguidores de Wicca veem o unicórnio como um animal mágico com o poder de encantar virgens e belas mulheres. O chifre amassado e moído é um excelente produto afrodisíaco. Segundo as lendas, Morgana la Fey usou o pó para seduzir o Rei Artur e ficar grávida dele.

Encantamento do unicórnio

Itens necessários: uma vela branca, tinta dourada, pó de fada e uma foto da pessoa a ser encantada.

Em um lado da vela, pinte a silhueta do unicórnio e escreva ao lado o nome da pessoa amada. Coloque a vela em cima da foto e acenda. Espalhe um pouco do pó de fada sobre a chama e a foto, entoando:

Pelo unicórnio, pelas fadas e pelo pó místico,
Agora [nome da pessoa] me deseja.
Sua paixão arde como este fogo
Com tormento e desejo.

Deixe a vela queimar por completo. Coloque a foto debaixo de seu travesseiro, adicione o pó de fada e sonhe com a pessoa amada. Em sete dias, ela será sua.

V

Varinha

Na prática, a varinha é a primeira ferramenta de trabalho do Bruxo ou da Bruxa. Ela representa seu bastão de poder e de autoridade. Durante o ritual, a varinha se torna uma extensão da jurisdição mágica do Bruxo. O poder pessoal é forçado através da varinha, com a intensidade de um raio *laser*, até o alvo. Quando a energia psíquica e o alvo se encontram, ocorre uma ativação, e as intenções do portador da varinha entram em ação.

Assim como qualquer outra ferramenta mágica, a varinha tem um caráter distinto e representa uma ação, pensamento ou emoção específicos. Em bruxaria, a varinha é associada ao elemento ar, que simboliza a mente, o intelecto e a comunicação. Ela fornece aos bruxos um meio de canalizar pensamentos abstratos e energia no plano material. Uma vez formada e energizada, a forma-pensamento se torna o meio para manifestar desejos.

O principal motivo da popularidade da varinha é sua simplicidade. Nada há nada de complicado ou difícil de entender sobre sua construção ou propósito. A varinha é apenas uma ferramenta para canalizar energia do plano espiritual ao material.

É muito fácil construir uma varinha. Um pequeno galho com um cristal ou rocha favorita acoplados, envolto em couro, funciona muito bem. Um simples tubo de cobre com cristais, ametista ou quartzo rosa ligados às extremidades é um excelente condutor de energia. Tubos de latão encontrados em lojas especializadas oferecem toda sorte de possibilidades, e mesmo pregos de madeira vendidos em lojas de ferragens podem, com uma dose de imaginação, ser convertidos em elegantes varinhas.

A minha é feita de cobre, tem quase 30cm de comprimento, um quartzo rosa numa ponta e uma ametista na outra. Ligando as pontas, há uma solda de prata em espiral percorrendo o corpo da varinha. Nela coloquei quatro pedras: granada, rodocrosita, sílica e lápis-lazúli. Por causa das propriedades mágicas associadas a essas pedras específicas, o meu arranjo ajuda a equilibrar poder através do amor próprio e da visão espiritual.

Consagração da varinha

Itens necessários: uma vela branca, uma tigela de sal e uma de água, incenso de sândalo, varinha.

Realize este rito durante a lua crescente. Acenda a vela e o incenso, dizendo:

Que agora os poderes da vida e da luz
Abençoem-me e protejam-me nesta noite.

Pegue a varinha e salpique-a com um pouco de sal, passando-a em seguida pela fumaça do incenso e pela chama da vela. Jogue gotas d'água sobre ela e diga:

Forças do bem, da vida e da luz,
Desçam à minha varinha esta noite,
Pois esta é uma ferramenta de minha arte sagrada.
Por isso, seus poderes eu peço agora.
Com os elementos terra, ar, fogo e mar,
Eu agora te batizo, abençoo e consagro!
Que minha vontade seja feita, que assim seja!

Vassoura

Nada simboliza melhor a bruxaria do que uma vassoura. A ideia de Bruxas voando em vassouras é tão velha quanto a própria arte da feitiçaria. Talvez nunca venhamos a saber onde ou quando esse fenômeno começou, mas acrescenta certo toque de magia às antigas lendas.

O significado da vassoura vem de sua habilidade para varrer e, portanto, limpar uma área de sujeira indesejável. O folclore europeu está cheio de histórias sobre o uso de vassouras encantadas para limpar a casa, cujo propósito era expulsar as influências malignas junto com a sujeira. A vassoura também já foi usada para formar leis comuns do casamento. Os parceiros pulam por cima do cabo para indicar que estão se unindo. Hoje, muitos praticantes de Wicca e pagãos ainda pulam por cima da vassoura no fim da cerimônia de casamento para selar a união.

Uma vassoura autêntica, ou seja, a vassoura da Bruxa, tem sete partes distintas (ver ilustração).

1. *A ponta do cabo*: geralmente sólida, mas também pode ser oca e tapada com uma rolha.
2. *O cabo*: longo, às vezes chamado de varinha, pode variar em comprimento, espessura e textura. Suas inscrições e decorações também variam.
3. *O anel prendedor*: prende a parte superior das piaçabas e geralmente é feito de metal, principalmente prata, pois representa a lua e a deusa. Às vezes, pode haver vários deles na mesma vassoura; nesse caso, o primeiro é de prata, o segundo, de ouro e o terceiro, de cobre.
4. *As piaçabas*: são ajuntadas de maneira regular ao redor da extremidade oposta do cabo. Elas devem medir cerca da metade do comprimento da vassoura.
5. *As pontas externas das piaçabas*: as extremidades grossas são presas pelo anel, e as finas — as pontas externas — se estendem. Todas as piaçabas devem se inclinar na mesma direção.
6. *O anel chanfrado*: só há um, e ele segura firme as piaçabas ao redor do cabo. Esse anel geralmente é feito de um material maleável bastante forte, pois deve resistir à pressão de varrer.
7. *As pontas internas das piaçabas*: são as extremidades grossas, seguras pelo anel prendedor.

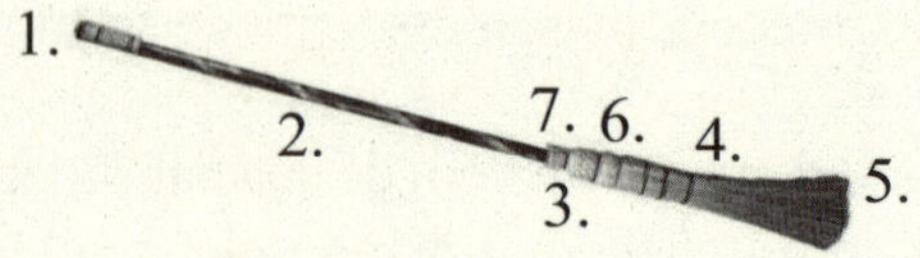

1. A ponta do cabo
2. O cabo
3. O anel prendedor
4. As piaçabas
5. As pontas externas das piaçabas
6. O anel chanfrado
7. As pontas internas das piaçabas

Magia com vassoura

Abençoar a vassoura

Itens necessários: uma pequena tigela de sal e outra de água; uma vela branca, um pequeno buquê de alecrim; um incensário; um pequeno pedaço de carvão de igreja; sua vassoura.

Realize esta cerimônia simples para abençoar e consagrar sua vassoura. Isso removerá vibrações e pensamentos negativos que podem se apegar à vassoura, e ela estará pronta para o trabalho mágico.

Coloque a vela, a tigela de sal e a de água junto ao incensário e o alecrim sobre uma mesa pequena. Acenda o carvão e a vela branca. Jogue um pouco de sal e depois pingue um pouco d'água sobre a vassoura, dizendo:

Água e Terra
Te lavam e limpam
De tudo o que era
E é impuro.

Coloque um pouco do alecrim sobre o carvão quente no incensário. Pegue a vassoura e passe-a pela fumaça e depois pela chama da vela, dizendo:

Essência do Ar
Chama do Fogo,

Te limpam de tudo
Deixando só o que eu desejo.

Agora a vassoura está pronta para ser usada tanto para tarefas mundanas quanto para o trabalho de magia. Use-a para purgar sua casa de pensamentos e vibrações negativos, bem como das visitas indesejáveis.

Livrar-se de visitas indesejáveis

Item necessário: vassoura.

Este encantamento simples é o melhor método que já vi para expulsar pessoas de sua casa. Todos passamos por aqueles momentos em que certos indivíduos abusam de nossa boa vontade e não têm o bom senso de ir embora. Pois aqui vai uma maneira garantida de fazê-los levantar e sair apressados.

Leve uma vassoura a uma sala que esteja de frente para a visita indesejável ou diretamente atrás dela. Feche a porta. Deixe a vassoura deitada no chão, com as piaçabas na direção da pessoa chata. Fique atrás da vassoura e entoe:

Saia de minha casa e afasta-te de minha porta,
Pois estou farto/a de tua visita torta!

Respire algumas vezes e relaxe, visualizando a visita chata indo embora. Guarde a vassoura. Dali a 10 ou 15 minutos a visita indesejável partirá, sem nem suspeitar de sua interferência mágica.

Vela

A história da vela acesa é tão antiga quanto a própria humanidade, originando-se na adoração ao fogo. Os primeiros homens veneravam o fogo porque ele os aquecia, protegia e ajudava a fazer comida. Os fogueiras domésticas eram guardadas com cuidado e protegidas do vento e da chuva. Com o passar do tempo o fogo passou a representar força, poder e habilidade para distinguir os terrores da noite.

Simbolicamente, a luz da vela representa iluminação, o poder energético do sol e a centelha de vida que reside dentro da alma humana. Como agentes do elemento fogo, as velas reagem rapidamente aos encantamentos mágicos e à visualização criativa. O simples ato de acender uma vela cria uma atmosfera de magia, e, à medida que a escuridão cede lugar à luz, os desejos se transformam em realidade.

As próprias velas podem ser usadas como forma de magia ou incorporadas como parte de um encantamento. Em ambos os casos, a vela se torna o ponto focal. A cor, a forma e o tamanho da vela desempenham papéis importantes na arte de magia com velas. A cor significa intento, a forma representa o objetivo, e o tamanho é equivalente à quantidade necessária de tempo para a realização do encantamento.

A cor tem importância primordial na magia com velas. Há 12 cores básicas que oferecem vibrações sensoriais diferentes. A vermelha é fisicamente mais poderosa e potente, e a violeta é a mais passiva e espiritualmente receptiva. As cores primárias do espectro luminoso (vermelho, laranja, amarelo, verde, azul, índigo e violeta) emitem energias específicas, simbólicas, de suas propriedades intrínsecas. Essas cores movem a energia para fora e para frente ou para dentro e para trás.

Além das sete cores primárias, há cinco cores adicionais usadas na arte de magia com velas: preta, branca, cinza, rosa e marrom. A vela preta ancora e absorve; a branca encoraja e apoia; a cinza raramente é usada por ser considerada vazia, desprovida de movimento; a rosa atrai e incita; e a marrom estabiliza e mantém.

O tempo que a vela demora para queimar também é essencial para a magia. Cada cor do espectro tem o próprio comprimento de onda ou a própria frequência vibratória. Essa frequência é o equivalente de movimento e energia, ou seja, a quantidade necessária de tempo para ativar um encantamento. Portanto, uma vela que exija um tempo de quatro horas para queimar demora quatro vezes mais para funcionar do que aquela que queima em apenas uma hora. Entretanto, quanto mais o encantamento demorar e quanto maior for a energia envolvida em suas formulações, mais duradouros serão os resultados.

Trabalhando com velas

O primeiro passo na magia com velas é escolher uma cuja cor e forma representem o seu desejo. Em seguida, você terá de vestir, ou energizar, a vela. Para isso, precisará ungir a vela inteira com o óleo apropriado. O óleo é essencialmente feito a partir de uma planta ou flor que também represente o seu desejo. Coloque um pouco de óleo nas pontas dos dedos. Concentrando-se em seu desejo, esfregue o óleo na vela, começando do centro para cima. Agora esfregue do centro para baixo. Certifique-se de cobrir a vela inteira com o óleo, infundindo-a com o seu desejo.

Cores das velas

Cor	Significado da cor	Tempo para queimar
Vermelha	coragem, força, sobrevivência, poder, sensualidade, ação imediata	1 hora
Rosa	amor, amizade, abrir o coração, acalmar as emoções	1 hora
Laranja	ação, atração, vender, criar resultados desejados	2 horas
Amarela	comunicação, vender a própria imagem, persuasão, atração	3 horas
Verde	amor, fertilidade, dinheiro, sorte, saúde, metas pessoais	4 horas
Azul	criatividade, tranquilidade, paz, percepção	3 horas
Índigo	sabedoria, autoconsciência, habilidades psíquicas	2 horas
Violeta	poder, ambição, tensão, desenvolvimento espiritual	1 hora
Preta	proteção, devolver ou liberar negatividade, poder	1 hora

Marrom	estabilidade, pés no chão, ritos da terra, criar indecisão	4 horas
Branca	cor universal; pode ser usada para qualquer trabalho. Magia geral	sem tempo definido
Dourada	prosperidade, atração, riqueza, aumentar	1 hora

Dicas para magia com velas

- Sempre que possível, faça as suas próprias velas. Enquanto a cera estiver líquida, adicione o óleo, as ervas ou as pétalas de flores correspondentes. Por exemplo, se estiver fazendo um encantamento para dinheiro, acrescente óleo heliótropio e folhas de hortelã.
- Ao vestir a vela, feche os olhos, concentre-se e visualize o que a vela representa. Veja mentalmente a manifestação de seu desejo.
- Lembre-se do tempo que a vela precisa para queimar quando for realizar um encantamento ou ritual.
- Ao criar seus encantamentos, use sempre a fase da lua adequada e a simbologia planetária. Isso alinhará o encantamento com o fluxo natural de energia produzida pela lua e pelo planeta correspondente, dando-lhe mais poder.

Mapa astrológico para as cores das velas

Aquário	20/1 – 18/2	Roxo
Peixes	19/2 – 20/3	Água
Áries	21/3 – 19/4	Rosa
Touro	20/4 – 20/5	Laranja
Gêmeos	21/5 – 21/6	Violeta
Câncer	22/6 – 22/7	Verde
Leão	23/7 – 22/8	Vermelho
Virgem	23/8 – 22/9	Amarelo

Libra	23/9 – 22/10	Azul
Escorpião	23/10 – 21/11	Dourado
Sagitário	22/11 – 21/12	Vermelho
Capricórnio	22/12 – 19/1	Marrom

Mapa de imagens simbólicas para as velas

Forma da vela	Propósito simbólico
Gato	Mudar a sorte. Gato preto: muda de ruim para boa; gato verde: produz sorte no jogo; gato vermelho: traz boa sorte com o amor.
Dupla ação	Atrair circunstâncias favoráveis e ao mesmo tempo repelir influências negativas.
Imagem humana	Usada para representar o indivíduo para quem é dirigido o encantamento. Vermelha para amor e paixão; rosa para amizade; verde para cura e casamento; branca para abençoar; preta para libertar da negatividade.
Sete botões	Um botão é queimado por dia para transformar um desejo em realidade.
Sete dias	Novena envolta em vidro. Usada para um propósito específico marcado no vidro da vela.

Encantamentos com velas mágicas

Encantamento para amarrar o amor

Itens necessários: uma vela vermelha; uma vela colorida astrologicamente que represente você (ver mapa) e outra que represente a pessoa desejada; uma foto sua e uma da pessoa desejada; um pequeno pote com tampa de metal; óleo para atrair amor (ver página 138); uma faca afiada e fósforos.

Use este encantamento para atrair e amarrar o amor de outra pessoa por você ou para reforçar as qualidades do amor em um relacionamento já existente.

Na noite de lua cheia, o mais próximo possível da meia-noite, coloque todos os itens sobre o altar ou uma mesa pequena. Coloque as fotos de frente uma para a outra dentro do pote e feche bem a tampa. Agora prepare as velas astrológicas. Use a faca para escrever o nome da pessoa desejada na vela que a representa e o seu na sua vela. Em seguida, vistas as duas velas com óleo para atrair amor. Corte uns 5cm do fundo de cada vela, deixando o pavio intacto. Amarre os dois pavios, fazendo uma só vela, dizendo:

Faço este nó para prender o coração
De meu/minha bem-amado/a [nome da pessoa] a mim.

O passo seguinte é prender as velas amarradas em cima do pote. Acenda a vela vermelha, derrame um pouco de cera derretida na tampa do pote para servir de cola e agora cole as velas amarradas.

Acenda a vela que representa você e diga:

Neste momento, e a partir desta hora,
Você sente meu amor; você sente meu poder.

Agora acenda a vela que representa a pessoa desejada e diga:

Sinta minha paixão, sinta o fogo.
Eu sou quem você deseja.

Quando as velas tiverem queimado completamente, pegue o pote e enterre-o no chão, o mais perto possível da casa da pessoa amada. Antes da próxima lua cheia, vocês estarão desfrutando da companhia um do outro.

Encantamento para atrair amor

Itens necessários: uma foto da pessoa desejada e um pouco do cabelo dela e de algo que ela tenha escrito à mão. Você vai precisar também de uma bolsinha de pano vermelha, uma imagem vermelha (alinhada ao sexo da pessoa que você quer atrair), uma vela, pétalas de rosa e óleo de rosa.

Esse encantamento é ideal para fazer alguém prestar atenção em você, aproximar mais alguém que você já conhece ou tornar o ser amado um amante ainda melhor.

Coloque a vela à sua frente junto com a foto e todos os itens necessários. Vista a vela com o óleo de rosa enquanto você visualiza a pessoa amada se aproximando de você e dando-lhe mais atenção. Quando sentir que está na hora, acenda a vela e entoe os seguintes versos, para criar poder e energia. Direcione essa energia para a vela.

Vela de poder,
A partir desta hora
Traga-me
O amor que eu vejo.
Que ele/ela me dedique
Atenção esta noite.
Deixe que ele/ela só veja a mim.
É o meu desejo, e que assim seja!

Deixe a vela queimar completamente. Leve a bolsinha cheia de pétalas de rosa e dos itens da pessoa amada onde você sabe que estará com ela. Também é uma boa ideia usar um pouco do óleo de rosa.

Encantamento para atrair dinheiro

Itens necessários: uma vela verde em forma de pilar, uma nota de um dólar nova, um pedaço de papel-cartão verde cortado em quatro quadrados iguais e uma caneta.

Tente este encantamento quando precisar de dinheiro rápido, para pagar aquela última conta irritante ou se quiser comprar um presente para a pessoa amada.

Na noite de lua nova, coloque todos os itens necessários sobre seu altar ou uma mesa pequena. Sobre cada quadrado de papel verde, escreva a quantidade necessária de dinheiro. Em seguida, escreva a mesma quantidade em um dos lados da vela verde e o seu nome no outro lado. Enrole os quatro quadrados de papel na nota de um dólar, formando um pacote achatado. Coloque a vela verde em cima do pacote e acenda a vela, entoando:

Dinheiro, dinheiro, venha para mim,
Este é o meu desejo, e que assim seja!

Após quatro horas, apague a vela. Repita o encantamento todas as noites até a vela ter queimado completamente. Depois, coloque um dos quadrados do papel e o dólar em sua carteira ou bolsa. Coloque outro quadrado debaixo de seu travesseiro, outro em sua mesa de trabalho e o último embaixo do capacho da porta da frente. Se seu pedido for razoável, você terá a quantidade desejada de dinheiro antes da próxima lua nova.

Encantamento do gato preto para proteção

Itens necessários: uma vela em forma de gato preto, óleo gato preto (composto de patchouli e incenso) e um espelho.

Este é um bom encantamento para afastar as más intenções de outra pessoa, bloquear um ataque psíquico ou dar uma reviravolta em sua sorte.

Na noite de lua crescente, o mais próximo possível da meia-noite, comece o encantamento. Sobre o seu altar ou uma mesa pequena, coloque o espelho deitado, com o vidro para cima. Vista vela com o óleo gato preto. Ao mesmo tempo, visualize sua sorte mudando para melhor e só coisas boas lhe acontecendo. Em seguida, coloque a vela sobre o espelho e acenda-a, entoando:

Poder do gato preto
A partir desta hora
Reflita a luz
Acerte as coisas.

Deixe a vela queimar por uma hora. Repita o encantamento todas as noites, no mesmo horário, até a lua cheia. Na noite de lua cheia, exponha o espelho com a vela em cima à luz do luar. Repita o encantamento e deixe a vela queimar. Quando a vela acabar, jogue fora o que sobrou da cera e guarde o espelho.

Visualização

A visualização criativa é uma das práticas que as Bruxas e os magos usam para transformar sonho em realidade. Essencialmente, é um nome sofisticado para a velha brincadeira infantil de "fazer de conta". A ideia é criar uma imagem mental de algo que você deseja. Em seguida, você dá poder à imagem através de meditação concentrada, forçando-a à realidade. Se quiser muito uma coisa e pensar nela com convicção, ela acontecerá.

Crença

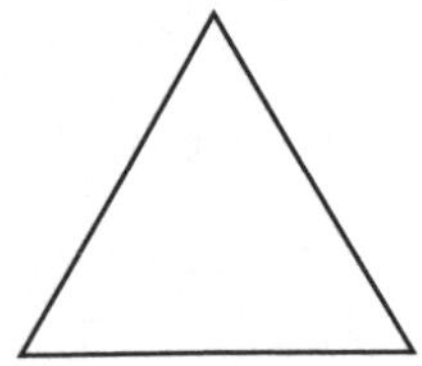

Desejo Visualizar

O melhor meio de expressar as chaves da visualização criativa é através do triângulo místico da Bruxa:

Crença: A chave número um é a mais importante. Quanto mais você acreditar em sua meta ou objeto de desejo, maiores serão suas chances de conseguir o que quer. Aquilo que você acredita pode fazer acontecer.

Desejo: Você deve ter um desejo poderoso. Isso significa estar totalmente, apaixonadamente envolvido pelo desejo. Ele deve ser tão forte a ponto de estabelecer prioridade acima de tudo. Você precisa estar obcecado por seus objetivos para colocar as emoções em ação.

Visualizar: Para que a visualização funcione, você precisa criar uma imagem mental clara de seu desejo. Deve ser capaz de criar na mente uma imagem exata do que quer, como se estivesse vendo uma foto. Para a visualização criativa funcionar, é preciso uma imagem mental tão forte que a mera força da vontade tornará o desejo realidade.

O segredo da magia está em sua habilidade para visualizar o desejo manifestado no mundo real. Você não pode ter dúvidas, fraquejar no desejo ou usar emoções fracas. Toda centelha de energia e poder que você possui deve ser usada na visualização, se você quiser que o objeto se manifeste. Isso significa dirigir sua atenção e energia psíquica com a precisão de um raio *laser* para o objeto do desejo. Em seguida, você precisa acreditar que o que está fazendo de fato acontecerá.

X

Xamanismo

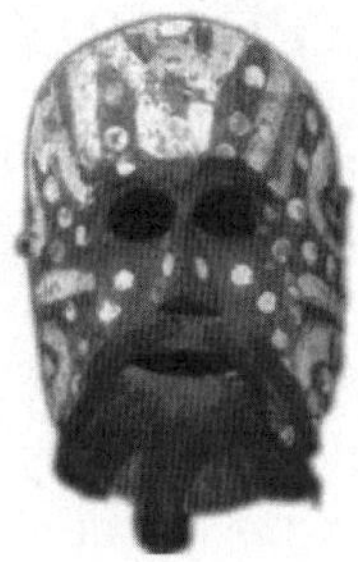

O xamanismo é provavelmente o sistema mágico mais antigo do mundo, tendo possivelmente se originado na Sibéria e na Ásia Central. Suas práticas incluem o uso de visões, estados alterados de consciência e contato com deuses e espíritos da natureza. Evidências do xamanismo podem ser encontradas em quase todo lugar; os exemplos mais frequentemente citados são as pinturas nas cavernas do sul da França. Elas foram feitas por volta de 35.000 a.C. e representam homens vestindo peles de animais e realizando rituais de caça. Imitando e participando com os animais e o mundo natural, o xamã obtinha e desenvolvia seus poderes.

Quando nossos ancestrais do período paleolítico chegaram à América do Norte, vindos da Sibéria, trouxeram suas práticas mágicas. À medida que esses grupos se espalharam pelo continente, diferentes culturas, folclores e sistemas de crença foram se estabelecendo entre as tribos.

As práticas e os ritos dos xamãs se desenvolveram de acordo com a orientação cultural de cada tribo. O xamã de uma tribo caçadora geralmente trabalhava com os espíritos dos animais; o de uma tribo envolvida com agricultura trabalhava com os elementos que garantiam uma boa colheita. Todos consideravam as mudanças de estações e o ciclo de nascimento, puberdade, casamento e morte muito importantes e lidavam com essas ocasiões de acordo com o costume tribal.

Originalmente, o xamã era um membro da tribo que, através do transe, viajava a outros mundos. Nesse estado alterado, ele entrava em comunhão com espíritos, ganhava sabedoria e adquiria novos métodos de cura. O objetivo primário do xamã era trazer informações de sua jornada para orientar e proteger seu povo.

A busca da visão

O xamã é um indivíduo treinado que pode entrar e sair de estados de consciência quando bem entender. Nesses estados alterados de consciência, ele visita vários domínios do mundo interior. Em suas jornadas, o xamã geralmente entra em contato com espíritos de ancestrais, animais totens e mestres dos planos superiores. O propósito da jornada é obter poder, conhecimento e sabedoria dos contatos com o mundo interior e trazê-los ao reino da realidade.

Também incluído no processo da jornada está o costume de partir em busca da visão. Na busca tradicional da visão, o indivíduo fica em isolamento, sem comida e com apenas um cobertor para "pegar um espírito". Nesse período de separação do mundo real, ele adquire seu espírito guardião e uma parte de seu poder de medicina.

Poder de medicina

O termo medicina se refere aos talentos exclusivos de um indivíduo, suas habilidades e técnicas para trabalhar em conjunção com as forças da natureza. Quando as habilidades são combinadas com o conhecimento e a sabedoria obtidos a partir de uma jornada ao mundo interior, ou busca da visão, tornam-se o poder de medicina usado para curar e ajudar os outros.

Lugares, objetos pessoais, fetiches e animais também possuem poderes de medicina. Quando o xamã entra em transe, procura o poder especial de um lugar, objeto ou espírito. Quando a resposta a uma pergunta ou a solução de um problema são obtidas, o xamã retorna ao mundo real, trazendo consigo o método de cura.

Purificação e unção

Antes de cada cerimônia ou cura, os participantes devem ser purificados dos maus sentimentos e das vibrações negativas que podem estar presos a eles. A purificação é feita passando-se no corpo a fumaça de ervas queimando. As ervas mais comuns para esse uso são sálvia (para afastar espíritos indesejáveis), cedro (para conduzir as preces ao Criador) e erva-doce (para atrair bons espíritos e boas influências).

Outra forma de purificação (considerada a melhor) é a cabana do suor. Nesse rito, todos os poderes do Universo — terra, água, fogo, ar, sopro e céu — são invocados. A cabana é construída com toras de salgueiro vermelho e forrada com peles de animais. No centro da cabana é feita uma fogueira, e são colocadas pedras aquecidas, chamadas de povo de pedra. À medida que cada pedra é posta, ela recebe um nome e uma força ou poder da natureza. Durante o rito da cabana do suor, o cachimbo sagrado é usado, e a unção é feita com orações que limpam e purificam os participantes da cerimônia.

O cachimbo sagrado

O cachimbo sagrado é a "ferramenta das ferramentas", a mais poderosa e valiosa dádiva das tribos norte-americanas. As orações e os desejos da tribo são levados ao Grande Espírito e Pai Céu através da fumaça do cachimbo. O cachimbo é usado em todas as cerimônias dos nativos norte-americanos, sendo considerado o eixo do mundo, o ponto central do tempo e do espaço, o apoio supremo de todas as coisas, aquele que liga o céu e a Terra. O cachimbo funciona como um altar ambulante e se torna o centro focal para todos os rituais e cerimônias.

O fornilho do cachimbo representa o aspecto de Deusa e Mãe Terra do Grande Espírito. O canudo é a parte de Deus e Pai Céu do Grande Espírito. Quando esses dois elementos são unidos com o propósito de partilhar o sopro, criam paz, harmonia e unidade entre os participantes da cerimônia.

A roda da medicina

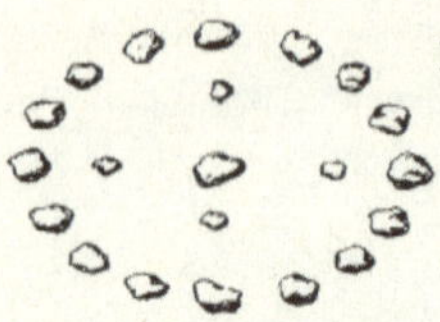

A roda da medicina é um símbolo do Universo e representa o completo. É um lugar onde homens e mulheres aprendem a cantar a canção do mundo, tornam-se unos novamente e se unem à Mãe Terra e ao Pai Céu. Devidamente construída, a roda da medicina torna-se transição, autorrealização e comunicação com os espíritos da natureza.

A roda é construída limpando-se uma área suficientemente grande para acomodar os participantes. Uma pedra ou estaca presa no chão para simbolizar o Grande Espírito marca o centro da roda. Estacas ou rochas pintadas nas cores elementais correspondentes indicam os quatro pontos cardeais. Outras rochas, varetas, flores, penas e objetos sagrados podem ser usados para designar certas áreas. Simples ou elaborada, a roda da medicina serve como um local para meditação, um símbolo do Universo ou um círculo de proteção para cerimônias sagradas.

O espírito guardião

O xamã acredita que todas as pessoas nascem com um espírito guardião. Essa é uma crença comum entre vários povos, principalmente aqueles que praticam religiões orientadas para a natureza. Nas iniciações, buscas de visão e transes, o indivíduo é capaz de se comunicar com seu espírito guardião. Em algumas sociedades, acredita-se que esse espírito guardião está, em parte, relacionado ao espírito da pessoa, um tipo de energia cósmica gêmea e eterna.

O espírito totem serve em diferentes capacidades. Pode ser um distintivo ou emblema da tribo ou do clã, representando seu objetivo principal. O totem também pode servir como um talismã sagrado pessoal, escolhido pela simbologia pertinente à personalidade do indivíduo. Em ambos os casos, ele oferece proteção, aconselha em momentos de dificuldade e, se for devidamente apaziguado, traz prosperidade.

Z

Zodíaco

A palavra zodíaco vem do termo grego *zoidiakos* ou "figuras de animais". Tem a aparência de um círculo dividido em 12 seções de 30 graus cada, transverso pelo sol, pela lua e pelos planetas a cada ano. Seus 12 signos têm os nomes das constelações adjacentes que formam um grande cinturão em volta da Terra. Cada signo governa um mês, representado por uma figura simbólica relacionada a um dos quatro elementos e à condição humana.

Quando o sol entra em um signo, todas as pessoas nascidas nesse período herdam ou expressam as qualidades e traços por ele representados. O real significado do zodíaco reflete o processo pelo qual a energia primordial passa do potencial para o virtual ou do espírito para a matéria. Quando o sol, a lua e os planetas passam por um signo, unificam sua energia para complementar o período mensal e completar um segmento do ciclo anual.

A roda zodiacal do ano

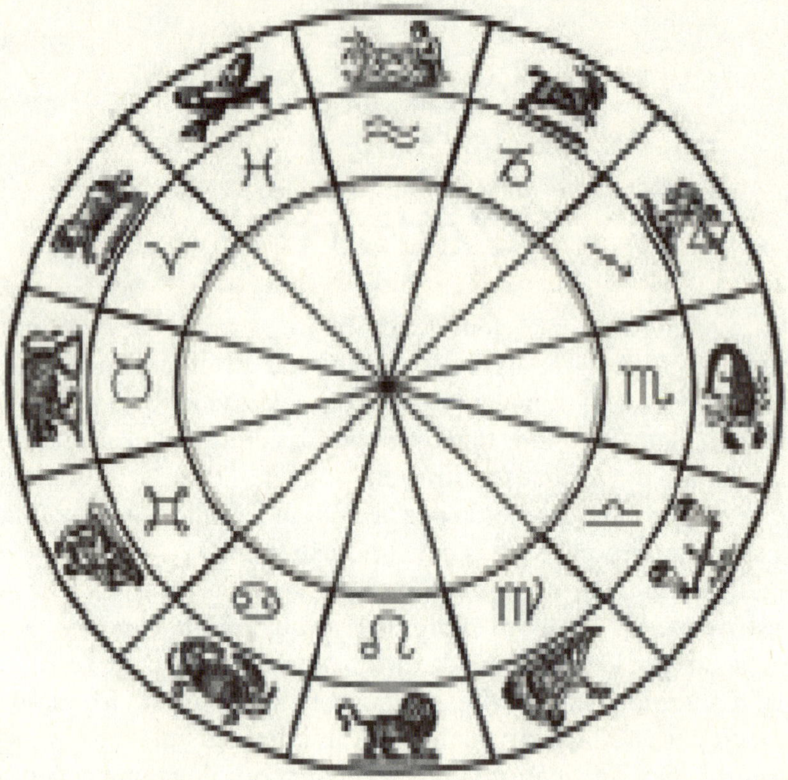

Os doze signos do zodíaco

Áries

21 de março a 19 de abril.
Símbolo: carneiro
Elemento: fogo
Qualidade: cardinal
Planeta governante: Marte
Metal: ferro
Pedras: rubi ou jaspe vermelho
Cor: escarlate
Plantas: gerânio ou sálvia

Como o carneiro, o signo de Áries é conhecido pelo egotismo, pela ação, pela autoafirmação e pelo desejo de ser o primeiro. Áries é um signo masculino procurando identidade. Os arianos podem ser destemidos na aparência e tímidos no íntimo. O carneiro se apaixona espontaneamente, mas costuma ter dificuldade para verbalizar seus sentimentos. Teimoso e agressivo, o signo de Áries possui tremendo poder e energia. Os arianos são líderes, empresários e aventureiros, geralmente impondo sua direção.

Touro

20 de abril a 19 de maio.
Símbolo: touro
Elemento: terra
Qualidade: fixo
Planeta governante: Vênus
Metal: cobre
Pedras: topázio ou esmeralda
Cores: vermelho e laranja
Plantas: cravo e malva

O signo de Touro é estável, conservador e prático e valoriza o modo de vida confortável, sem mudanças. O taurino tem os pés no chão e é um dos signos mais produtivos, sempre buscando o verdadeiro amor e o significado da vida. Como um verdadeiro touro, o taurino geralmente permanece passivo e satisfeito, mas, se ficar irado, ataca. Fidelidade e consistência são as virtudes deste signo; obstinação e recusa às mudanças são as suas fraquezas.

Gêmeos

20 de maio a 20 junho.
Símbolo: irmãos gêmeos
Elemento: ar
Qualidade: mutável
Planeta governante: Mercúrio
Metal: mercúrio
Pedra: alexandrita
Cor: laranja
Plantas: orquídea e gladíolo

A busca por variedade é a marca registrada do signo de Gêmeos, que está sempre pensando e procurando. Loucamente inconsistente, os geminianos são capazes de defender um ponto de vista o dia todo e, no dia seguinte, assumir uma posição diametralmente oposta. O símbolo do signo retrata a divisão essencial de sua natureza que está sempre tentando ver os dois lados da moeda ao mesmo tempo. Os geminianos são verdadeiros "paus para toda obra", mas infelizmente, se seus talentos forem pressionados demais, talvez não consigam realizar seus sonhos.

Câncer

21 de junho a 22 de julho.
Símbolo: caranguejo
Elemento: água
Qualidade: cardinal
Planeta governante: lua
Metal: prata
Pedras: esmeralda ou turquesa
Cor: âmbar
Plantas: lótus ou confrei

O caranguejo, com seu corpo macio protegido por uma carapaça dura, representa a natureza deste signo. O câncer é a personificação da compaixão, do carinho e dos instintos maternais, mas costuma esconder essas emoções por trás de uma máscara de indiferença. Quando molestados, os cancerianos se escondem na carapaça, mas retêm suas pinças afiadas para atacar. Gostam dos serviços domésticos e precisam de estabilidade no lar para obter a felicidade. Enquanto tiverem uma base forte de onde operar e para onde se retirar, conseguem sucesso em suas metas.

Leão

23 de julho a 21 de agosto.
Símbolo: leão
Elemento: fogo
Qualidade; fixo
Planeta governante: sol
Metal: ouro

Pedras: opala ou zirconita
Cor: verde-amarelado
Plantas: girassol ou ciclame

Como o próprio rei da selva, o signo de Leão é orgulhoso, ostensivo e o mais egocêntrico de todos os signos. Os nativos deste signo precisam se esforçar muito para não ultrapassar os limites e se tornarem excessivamente vaidosos, arrogantes e egoístas. Os leoninos vivem para impressionar e precisam de um público. Pode ser difícil amá-los e trabalhar com eles, pois quase não enxergam os outros. Se o leonino aprender a aceitar a responsabilidade, a mudança pessoal e o fato de que os outros também têm sentimentos, pode ser um excelente companheiro. Para prosperar, o Leão precisa de espaço e da ribalta.

Virgem

22 de agosto a 22 de setembro.
Símbolo: virgem
Elemento: terra
Qualidade: mutável
Planeta governante: Mercúrio
Metal: mercúrio
Pedras: diamante ou crisolita
Cor: verde-claro
Plantas: campainha branca, lírio e narciso

O signo de Virgem é prático, produtivo e preparado para sacrificar os próprios interesses para completar as tarefas que lhe foram designadas. Os virginianos estão sempre procurando algo significativo para fazer, o que é uma porta aberta para aqueles que desejam se aproveitar de sua boa natureza e disposição para ajudar. Este signo é a personificação do serviço. Entretanto, os virginianos costumam ser detalhistas e obcecados por limpeza e ordem, a ponto de perder a habilidade para a espontaneidade. Os virginianos precisam dosar seu perfeccionismo.

Libra

23 de setembro a 22 de outubro.
Símbolo: balança

Elemento: ar
Qualidade: cardinal
Planeta governante: Vênus
Metal: cobre
Pedra: jade
Cor: verde-esmeralda
Planta: babosa

A balança é a chave para se compreender o signo de Libra, que vive pesando as possibilidade e as escolhas disponíveis. Constantemente afetado por indecisão, o desesperado libriano acaba metendo os pés pelas mãos na hora de escolher algo. A função ideal de Libra é conciliar possibilidades contrárias, buscando uma terceira opção. Governado por Vênus, o libriano gosta das coisas esteticamente agradáveis, charmosas e artísticas. Tende a esconder falhas pessoais, se achar que elas podem ofender os outros. Os librianos são diplomatas e gostam de ambientes tranquilos e harmoniosos.

Escorpião

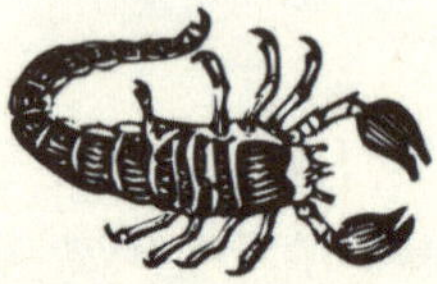

23 de outubro a 21 de novembro.
Símbolo: escorpião
Elemento: água
Qualidade: fixo
Planeta governante: Marte (com Plutão como cogovernante)
Metal: ferro
Pedra: cornalina
Cor: azul-esverdeado
Plantas: cacto, língua-de-cão

A busca de transformação é o que motiva o signo de Escorpião. As emoções intensas deste signo são endurecidas pela influência de Marte, que lhe dá uma qualidade obsessiva, às vezes exagerada. Os nativos de Escorpião têm profundo senso de justiça. São fascinados pelo lado oculto, negro, das coisas. Podem ser ótimos Bruxos e magos. A maior força deste signo é o comprometimento, a habilidade para cumprir a palavra até o fim. Sua maior fraqueza é a relutância em mudar ou perdoar.

Sagitário

22 de novembro a 21 de dezembro.
Símbolo: arqueiro
Elemento: fogo
Qualidade: mutável
Planeta governante: Júpiter
Metal: estanho
Pedra: safira
Cor: azul
Plantas: junco e pimpinela

O signo de Sagitário é complexo e profundo, uma mistura de instinto e razão, sempre em busca da sabedoria. A combinação entre mutabilidade e fogo o torna instável; seus planos costumam ser abandonados antes da conclusão. Frequentemente tomado pelo desejo, idealismo e busca da verdade, o sagitariano precisa de liberdade. A maior força deste signo é o otimismo e o entusiasmo, e sua fraqueza é a falta de praticabilidade. Porém, se sua fé for inabalável, o sagitariano se contenta com pouco sucesso material.

Capricórnio

22 de dezembro a 20 de janeiro.
Símbolo: bode
Elemento: terra
Qualidade: cardinal
Planeta governante: Saturno
Metal: chumbo
Pedras: opala preta ou turmalina
Cor: índigo
Planta: cardo

O capricorniano é o industrial ou comerciante ideal, não deixando a preocupação humanitária interferir em importantes oportunidades de negócios e lucros monetários. Os capricornianos guardam poderosas emoções que, como signo da terra, acham difícil expressar. Este signo às vezes tem pouca imaginação e é muito sério e cauteloso quando mergulhado no mundo do materialismo. Os maiores traços do nativo de Capricórnio são suas habilidades para curar e ter grandes visões. Sua maior fraqueza é o fato de manipular e enganar.

Aquário

21 de janeiro a 19 de fevereiro.
Símbolo: portador de água
Elemento: ar
Qualidade: fixo
Planeta governante: Saturno (com Urano como cogovernante)
Metal: chumbo
Pedras: lápis-lazúli ou água marinha
Cor: violeta
Plantas: absinto, funcho ou ranúnculo amarelo

A busca do Santo Gral (ou Graal) define a essência de Aquário. Este signo enigmático é governado por dois planetas de natureza totalmente incompatíveis, uma desejando a ordem e a outra destruindo-a. São justamente as contradições de caráter do aquariano que o tornam interessante. Os aquarianos são preocupados, às vezes obsessivamente, em ser novos, radicais e diferentes. Geralmente são excêntricos, desajeitados e sempre exigem a liberdade. São bons para desenvolver novas ideias, mas precisam do auxílio de outros para executá-las.

Peixes

20 de fevereiro a 20 de março.
Símbolo: dois peixes
Elemento: água
Qualidade: mutável
Planeta governante: Júpiter (com Netuno como cogovernante)
Metal: estanho
Pedras: pérola ou ametista
Cor: carmesim
Planta: ópio

O signo de Peixes é o mais místico de todos. Tende para a religião e o misticismo e costuma se retirar do mundo. Emocional e sensível, o nativo deste signo geralmente usa muitas máscaras para esconder sua vulnerabilidade. Imaginativo, artístico e capaz de autossacrifício, o signo de Peixes pode se dar muito bem no palco ou na igreja. Sua força está na habilidade para transcender o materialismo; sua fraqueza é a maneira como lida com o mundo real.

O zodíaco e a magia

Conhecimento é poder, e todos desejamos poder sobre nossas vidas. Ninguém se inicia em magia para salvar as baleias ou as massas de sofredores. Para isso, você pode se filiar ao exército da salvação ou alguma organização filantrópica. Uma pessoa é iniciada no mundo da magia para reclamar o poder pessoal e obter certo controle da vida e do futuro.

Todos nós usamos máscaras para esconder as falhas e imperfeições que imaginamos ter. Assim, se você sabe o signo das pessoas com quem deve lidar, pode compreender melhor quem elas são de fato, contrariamente à imagem que querem passar. Conhecendo alguma coisa sobre o indivíduo, você evita fazer coisas que o ofendam, podendo criar uma situação desagradável. Esse tipo de conhecimento pode ter grande valor mágico no início de um relacionamento, numa sociedade comercial ou na hora de apresentar a alguém uma proposta de negócios ou se você quiser agradar sua sogra.

Por exemplo, para atrair um canceriano (que adora ficar em casa), você deve evitar qualquer tipo de movimento brusco que pareça invadir-lhe a privacidade. Se você for ariano e está à procura de uma parceria comercial duradoura, evite os leoninos — não existe espaço suficiente para vocês dois. Gêmeos em busca de amor deve evitar Libra, pois quando os dois pararem de analisar a situação serão velhos demais para fazer alguma coisa concreta. E se a sua sogra for de Escorpião, simplesmente concorde com ela.

Como todos nascemos sob um signo zodiacal específico, as energias do signo podem ser incorporadas aos ritos e encantamentos mágicos. Se você planeja fazer um encantamento de amor, considere o uso dos símbolos zodiacais da pessoa desejada no rito. Use uma vela do zodíaco para representar seu chefe naquele encantamento para promoção que você está planejando. E, antes da grande proposta, queime uma vela do zodíaco para cada pessoa envolvida, visualizando o sucesso.

BIBLIOGRAFIA

Baer, Randall e Vicki Baer. *Windows of Light.* São Francisco: Harper and Row, 1984.

Beyerl, Paul. *Master Book of Herbalism*. Custer, Washington: Phoenix Publishing, 1984.

Bias, Clifford. *Ritual Book of Magic*. York Beach, Maine: Samuel Weiser, 1982.

Cunningham, Scott. *The Complete Book of Incense, Oils, and Brews.* St. Paul: Llewellyn Publications, 1989.

Drury, Nevill. *The Elements of Shamanism*. Rockport, Mass.: Element Books, 1989.

Eason, Cassandra. *The Handbook of Ancient Wisdom*. Nova York: Sterling Publishing, 1997.

Goodwin, Joscelyn. *Mystery Religions In The Ancient World*. São Francisco: Harper and Row, 1981.

Green, Marion. *A Witch Alone*. Wellingborough, Inglaterra: The Aquarian Press, 1991.

———. *The Elements of Natural Magic England*. Rockport, Mass.: Element Books, 1992.

Heisler, Roger. *Path To Power, It's All In Your Mind*. York Beach, Maine: Samuel Weiser, 1990.

Huson, Paul. *Mastering Witchcraft*. Nova York: Perigree/G.P. Putnam and Sons, 1970.

Katzeff, Paul. *Full Moons*. Secaucus, N.J.: Citadel Press, 1981.

Lewis, J. R. e E. D. Oliver. *Angels A to Z.* Detroit: Visible Ink Press, 1996.

Liddell, S. e MacGregor Mathers. *The Key of Solomon The King*. York Beach, Maine: Samuel Weiser, 1974.

Meyer, Marvin W. *The Ancient Mysteries: A Source Book.* São Francisco: Harper and Row, 1987.

Sabrina, Lady. *Cauldron of Transformation*. St. Paul: Llewellyn Publications, 1996.

———. *Reclaiming The Power: The How and Why of Practical Ritual Magic*. St. Paul: Llewellyn Publications, 1992.

Skelton, Robin. *Spell Craft*. York Beach, Maine: Samuel Wiser, 1978.

———. *Talismanic Magic*. York Beach, Maine: Samuel Weiser, 1985.

———. *The Practice of Witchcraft Today*. Secaucus, N.J. Citadel Press, 1990.

Smith, Steven. *Wylundt's Book of Incense*. York Beach, Maine: Samuel Weiser, 1989.

Starhawk. *The Spiral Dance*. São Francisco: Harper and Row, 1979.

Valiente, Doreen. Witchcraft for Tomorrow. Nova York: St. Martin's Press, 1978.

Leitura Recomendada

O Livro da Arte da Magia

O Guia do Aprendiz para os Segredos da Fraternidade dos Magos

Cornelius Rumstuckle

Então, você quer ser um Mago? Não é fácil, sabia? De fato, o caminho para se tornar um Mago é repleto de perigos, bruxas desdentadas, *trolls* dispostos a assar você, dragões que cospem fogo e outros riscos estão todos a postos para testar seu conhecimento de magia neste primeiro e único manual oficial da Fraternidade dos Magos

Complete todas as tarefas dolorosas da Aventura do Mago e aprenda os segredos bem guardados da Arte da Magia. Porém, nem todos nasceram para serem magos, apenas os mais corajosos e inteligentes terão sucesso. Você acha que possui os requisitos? Então, pegue sua varinha, vista seu manto e vamos começar seu treinamento de Mago.

O Livro da Arte da Magia contém a Aventura do Mago, um jogo de magia que pode levá-lo a fazer parte da Fraternidade dos Magos e tornar-se um Mago totalmente certificado por seu próprio mérito.

www.madras.com.br

MADRAS® Editora

CADASTRO/MALA DIRETA

Envie este cadastro preenchido e passará a receber informações dos nossos lançamentos, nas áreas que determinar.

Nome____

RG______________________ CPF______________________

Endereço Residencial ____________________________________

Bairro ________________ Cidade__________________ Estado_____

CEP ______________ Fone______________________________

E-mail ____

Sexo ❑ Fem. ❑ Masc. Nascimento_______________________

Profissão _________________ Escolaridade (Nível/Curso) ____________

Você compra livros:

❑ livrarias ❑ feiras ❑ telefone ❑ Sedex livro (reembolso postal mais rápido)

❑ outros:____

Quais os tipos de literatura que você lê:

❑ Jurídicos ❑ Pedagogia ❑ Business ❑ Romances/espíritas

❑ Esoterismo ❑ Psicologia ❑ Saúde ❑ Espíritas/doutrinas

❑ Bruxaria ❑ Autoajuda ❑ Maçonaria ❑ Outros:

Qual a sua opinião a respeito desta obra?__________________________

____

Indique amigos que gostariam de receber MALA DIRETA:

Nome____

Endereço Residencial ____________________________________

Bairro ________________ Cidade__________________ CEP __________

Nome do livro adquirido: *O Grande Livro de Magia da Bruxa Grimoire*

Para receber catálogos, lista de preços e outras informações, escreva para:

MADRAS EDITORA LTDA.
Rua Paulo Gonçalves, 88 – Santana – 02403-020 – São Paulo/SP
Caixa Postal 12183 – CEP 02013-970 – SP
Tel.: (11) 2281-5555 – Fax.:(11) 2959-3090
www.madras.com.br